名师·名校长
领航书系

区域情感教育创新之路

——“五个几工程”十五年创新实践

张连勇◎主编

哈尔滨出版社
HARBIN PUBLISHING HOUSE

图书在版编目(CIP)数据

区域情感教育创新之路 ： “五个几工程” 十五年创新实践 / 张连勇主编. -- 哈尔滨 ：哈尔滨出版社, 2025. 5. -- ISBN 978-7-5484-8577-3

Ⅰ. G44

中国国家版本馆CIP数据核字第2025A6T257号

书　　名：区域情感教育创新之路：“五个几工程”十五年创新实践
QUYU QINGGAN JIAOYU CHUANGXIN ZHI LU：“WUGEJI GONGCHENG” SHIWUNIAN CHUANGXIN SHIJIAN

作　　者：张连勇　主编
责任编辑：滕　达
装帧设计：领航明师

出版发行：哈尔滨出版社（Harbin Publishing House）
社　　址：哈尔滨市香坊区泰山路82-9号　**邮编：**150090
经　　销：全国新华书店
印　　刷：北京鑫益晖印刷有限公司
网　　址：www.hrbcbs.com
E－mail：hrbcbs@yeah.net
编辑版权热线：（0451）87900271　87900272
销售热线：（0451）87900202　87900203

开　　本：787mm×1092mm　1/16　**印张：**15.25　**字数：**255千字
版　　次：2025年5月第1版
印　　次：2025年5月第1次印刷
书　　号：ISBN 978-7-5484-8577-3
定　　价：68.00元

编委会

主　编　张连勇

编　委　窦　艳　杨明霞
边　静　安丽颖
郑艳红

序言

PREFACE

在2010年教育部“学业质量分析、反馈与指导系统”项目组对克拉玛依市教师和学生进行的问卷调查中，一组数据引起了我的深思。调查显示，在学生遇到困难时，98%的教师表示会积极鼓励学生，然而，60%的学生却表示不愿意向教师求助，害怕受到批评。这一反差揭示了一个不容忽视的问题：尽管师生朝夕相处，但师生之间缺乏真正的理解和信任，师生关系呈现出一种僵化的状态。“好的关系胜过好的教育”，为了改变“重教书轻育人”的现状，我们于2010年在小学数学学科中开展了以“情感教育”为特征的“五个几工程”育人新范式实践。

“情感教育”的核心在于关爱学生。教育是一场用爱与智慧点亮心灵的旅程。在教育的广阔天地中，每个孩子都是独一无二的星辰，拥有各自的光芒和轨迹。那些暂时被称为“学困生”或“后进生”的孩子，只是在星空中暂时迷失了方向，等待着被引领和唤醒。基于此，我们倡导数学教师每天坚持做“五件事”，即“五个几工程”：

1. 每天和几个学生说几句话。
2. 每天赏几个学生赞几句话。
3. 每天给几个学生讲几道题。
4. 每天析几种错题读几页书。
5. 每天留几分钟反思几件事。

这样的实践将“研究学生、关注学生、关心学生”具体化，将“关爱学生”的意识转化为可操作的行动。

“情感教育”的关键在于坚守爱。在第39个教师节来临之际，习近平总书记代表党中央致信全国优秀教师代表，深刻阐述了中国特有的教育家精神。教育家精神集中反映了一代又一代人民教育家在长期的教育教学实践中所展现出来的坚定信念，如教育家陶行知先生“捧着一颗心来，不带半根草去”的高尚道德情操；人民教育家于漪先生“一辈子做教师，一辈子学做教师”的永无止境的探索和追求精神。区域推进情感教育15年，以情系“‘五个儿工程’，我讲我的教育故事”为载体，展现了教育家精神在教师潜心育人中的引领作用。近300个教育故事，每一个故事都是教师经过半年或一年与学生的亲密交往，从形成的几万字的文字记录中凝练而成的，记录了克拉玛依市在情感教育领域的探索与实践。这些故事感动一位又一位学生，影响一个又一个家庭。每一位教师在平凡岗位上的精神展现，都在无形中诠释着做读懂爱、付出爱和拥有爱的教师，做有故事的教师，做有温度的教育。

“情感教育”的特征是善于爱。每个学生的生命都是独特的，教育应该成就这种“生命的独特”。每个学生都有自己不同的特点，有的骄傲，有的自卑，有的顽皮，有的沉静，教师应根据这些不同寻求最适合的教育方式。“爱”的表达是教师实施教育的第一创新。随着时代的发展进步，教育也被赋予了更多的深刻内涵，但无论时代如何进步、教育如何发展，一定有最质朴的教育初心需要捍卫。记录“五个儿工程”从某种程度上来说平淡而辛苦，单调而乏味。在记录的两年周期里，全市百名记录教师一共形成了1200余万字的教育反思，平均每人每学期记录文字量达3万字，共有19位教师的“记录专著”面世。教育家精神不是高高挂起的口号，它强调教师对教育本身的执着与热爱，“五个儿工程”倡导走近学生、赏识学生、把课上好、正向认知和自我成长，引导教师将精神融入日常教育生活中，像教育家那样生活，让平常的日子发光。

“情感教育”是教育家精神的重要组成部分。教育家精神，不是指向极少数的优秀教师，而是指向广大教师。因此，弘扬教育家精神，不是要求每一位教师都成为教育家，而是鼓励每一位教师都追求教育家精神，在教育家精神的引领下，从教师教育故事中寻找自己身边的榜样，在润物细无声中慢慢提升自己。如今，这些“情感教育”故事被整理成册，希望它不仅仅是教师教育生涯的纪念，更是一份给所有教育工作者的礼物。愿每一位翻开此书的同人，都能从中汲取力量与灵感，在面对那些需要特殊关爱的孩子时，多一份理解，多一份耐心，多一份爱。也愿社会各界能通过这些故事，更加理解教育的复杂性与重要性，共同为孩子创造一个充满爱与希望的成长环境。因为，每一个孩子的成长，都是教育最美的风景，都是我们共同的期待与骄傲。

克拉玛依市教育研究所　张连勇

2024年12月

目录
CONTENTS

—— 上篇　坚守初心，用爱帮助学生成长 ——

—— 中篇　育人有方，春风化雨润泽心田 ——

—— 下篇　教学相长，真情互动成己达人 ——

上篇

坚守初心，用爱帮助学生成长

构建以记录促反思的教师成长模式

——区域推进情感教育“五个儿工程”十五年创新实践

克拉玛依市教育研究所　张连勇

2012年12月17日，克拉玛依日报社的记者对我市小学数学老师在改善师生关系方面取得的成果进行了现场跟踪观察，用两个专版报道《做一个人见人爱的老师——“五个儿工程”拉近师生距离》，在社会上尤其是教育界引起了较大的反响。而作为“五个儿工程”的提出者和发展者，我认为自己非常有必要向大家介绍这项“惠生”教研成果，以期引起更多教育同行的关注并践行。

一、“五个儿工程”提出的背景

（一）我市师生关系现状

当下，学校“重传授知识、轻学生管理”现象普遍存在，要让学业压力大的学生道一声“我喜欢学校，老师你真好”谈何容易。这一点在2010年教育部“建立中小学生学业质量分析、反馈与指导系统”项目组对我市教师和学生进行的问卷调查中可见一斑。在对教师进行的“学生学习遇到困难”的问卷调查中，有98%的老师选择“在学生学习遇到困难时，我会积极鼓励他们”。在对学生进行的“学习中遇到困难”的问卷调查中，有60%的学生选择“学习中遇到困难，不愿意请教老师，因为害怕受到老师批评”。由此可以看出，同样是面对“学生遇到困难”这一问题，教师的意愿和学生的感受存在显著差异。为什么教师的意愿和学生的感受会存在显著差异呢？原因是复杂的，但从中可以看出老师虽与学生朝夕相处，但老师不了解学生、学生不信任老师是客观存在的事实。

我们认为，在学生心智尚未成熟时期，只有让他们喜欢老师、在感情上接受老师，教学工作才能顺利进行。亲其师，方能信其道。正如一句话所言："好的关系胜过好的教育。"我们相信老师都是有责任心的，都是从心底爱学生的，但是这种爱一定要富有艺术性地让学生感受到。因此，我们提出数学老师每天都要践行的"五个儿工程"。

（二）"五个儿工程"研究的内容

老师总是在繁忙的工作中急于完成教学任务，时常忽略学生内心深处真实的想法和渴求。应建立和谐的师生关系，让家长和社会从学生的健康成长中，看到实实在在的教育进步，得到实实在在的教育利益。基于此现状，小学数学学科提出数学老师每天坚持要做的"五个儿工程"：①每天和几个学生说几句话；②每天赏几个学生赞几句话；③每天给几个学生讲几道题；④每天析几种错题读几页书；⑤每天留几分钟反思几件事。"五个儿工程"是一项旨在改善目前学校师生关系现状的行动指南。

1. 每天和几个学生说几句话

老师了解学生的途径多种多样，包括课堂观察、作业浏览、日常表现等，但老师了解学生最简单、最行之有效的方式就是师生之间进行语言上的交流。但老师工作特殊，上课、批改作业、备课、教研、开会等活动占据了老师大部分时间，学校留给老师自己支配的时间并不多，诸如"与学生谈话交流"就是比较奢侈的事了。但我敢说："不了解学生的老师一定不是一位好老师。"因此，在以信息发达为显著特征的今天，老师每天有目的、有针对性地与学生聊聊天、谈谈心显得弥足珍贵。

一小杨明霞：下课时我经常询问她上课听懂了吗，有没有什么困难。坚持了一段时间，她真正感受到我是喜欢、尊重、信任和肯定她的。有一次在办公室里改作业，班主任寇老师突然问我："你知道徐锦茹同学最喜欢的人是谁吗？"寇老师告诉我徐锦菇在作文里写到最喜欢的人是杨老师，这让我感到欣慰和鼓舞。

2. 每天赏几个学生赞几句话

马斯洛的需要层次理论认为，人类除了最基本的生理、安全需要，更高层次的需要就是尊重，得到他人的肯定和欣赏，得到社会的肯定性评价，这是人们的最高需要。尤其是处在成长期的青少年儿童，自我意识不断增强，特别希望得到别人的羡慕、好感和赞扬，得到老师和其他成人的尊重便成为这一年龄段的第一心理需求。每天赏几个学生赞几句话，能使学生在喜悦的心理环境中接受教育，可以大大地减少教育成本，加强教育的效果。

十一小孔娟娟：在写“五个儿工程”前，我对学生的评价不是训斥就是责备，不是“你今天怎么这么笨，这么简单的题都不会做”，就是“作业呢？打电话叫家长来学校”。长此以往，我班学生都很“皮实”了，每次我这样说，学生都觉得无关痛痒。

五小杨洁：一次，我有幸读了学生的作文《我被表扬了》，看了学生的作文我更加明白，我每天的表扬对学生是多么重要。我懂得了不是聪明的学生才被表扬，而是表扬能使学生变得更聪明。所以说：“善于表扬的老师是一位好老师，是一位负责的老师。表扬学生就是对老师自己的表扬！”

3. 每天给几个学生讲几道题

老师所面对的学生大致可以分为优秀生、中等生和学困生。“引领优秀生，唤醒学困生，关注中等生”应当成为老师采用的主要教学策略。班里的“学困生”教育是老师的心腹之痛，谈起学困生，老师有“哀其不幸，怒其不争”之感。只要老师树立“没有差生，只存在有差异的学生”“付出不计回报”“晚开的花与早开的花同样美”等新理念，针对学生的差异开展“差异补学”，做到心中有“人”，因“人”施教，持之以恒，铁树终有开花时。

八小顾瑞雪：那天晚上李杰的妈妈就给我打了电话，电话一接通就可以感受到她的情绪很激动，哽咽着跟我说：“谢谢你顾老师！谢谢你让李杰改变了，李杰以前只能刚及格，他今天拿回来的成绩让我不敢相信……这一个学期，孩子总跟我们说顾老师今天表扬我了，顾老师今天给我讲题了，顾老师太了解我了……”

4. 每天析几种错题读几页书

（1）批改作业是数学老师每天必过的一道程序。作业是学生学习状况的透视镜，老师教学效果的反光镜。老师通过批阅学生作业对其知识点掌握情况一目了然，可以及时发现教学中存在的问题。老师尤其要重视学生作业中的错题，分析错误原因，冷静找出学生错题症结，这样才能由一味责怪学生转向反省自身教学。

九小张东桃：很多时候，学生作业出错的原因与我的推想完全不一样，这也时刻提醒着我：在教学中，不能想当然，而应和学生一起分析问题，找出其症结之所在，只有这样才有解决问题的可能。

（2）诚然，今天的老师几乎每天都在教书，但是爱读书的老师似乎并不多，这与当下老师心浮气躁不无关系。俗话说“腹有诗书气自华”，读书是提升修养，丰富教育思想，增强教学魅力的最佳途径。只有将书作为老师每天的精神食粮，老师才能抵御外界的喧哗和浮躁，享受自己幸福完整的教育生活。

六小王桂萍：刚开始很烦躁，很郁闷，坚持，再坚持，20多天后，逐渐进入状态了，读书与写心得的情趣也越来越凸显出来。读书与反思是教学的一种催化剂，帮助我们更有效地教学，心情也越来越好。

5. 每天留几分钟反思几件事

在日常教学工作中，老师或多或少、有意无意、自觉或不自觉地进行着“五个几工程”倡导的一项或几项工程。而如今非得要老师以文字的形式记录下来，这不是增加老师的负担吗？其实，这与负担没关系，因为反思本身就是教育生活中的重要部分。没有反思的教育是质量不高的教育，是枯燥的教育。

二小韩蕾：这些看似简单真正做起来却不简单的事情，让我开始慢慢明白这些不是做给谁看的，也不是为了完成一项任务。我开始将这种工作当成一种习惯，一种不自觉的习惯，开始慢慢学会反思。

二、解决问题的过程与方法

当初提出数学老师每天坚持要做的“几件事”，大家一致认同“五个儿工程”所倡导的理念，真正抓住了师生交往的根本。但如何避免步入“说起来重要，做起来次要，忙起来不要”这样一个怪圈呢？实践初期我们观察到老师的教育行为一切照旧，没有出现“五个儿工程”倡导的内容。后来我们逐渐意识到改变自己是最难的，所以当改革的理念跟老师的经验有冲突的时候，老师就不太适应。为此我们建立、健全了保障“五个儿工程”实施的方案。

（一）全面推行理念

为了让“五个儿工程”的理念人人皆知，达成共识，市教研员在全市开展巡回报告，深入市区的每一所学校宣讲，让“五个儿工程”基本理念扎根到每一位老师的大脑中，同时获得市、区教育局、学校领导的全力支持，营造实施“五个儿工程”的理念认同环境和氛围。

（二）遴选记录老师

在全市范围内采取自愿报名与学校推荐两种方式选取一批年轻老师作为“五个儿工程”记录实施主体。

（三）设计记录形式

老师将自己每天做的“几件事”以文字的形式记录在我们为老师设计的表格里。因为每天都要有文字记录，老师如果不真正履行“五个儿工程”提出的“五件事”将会出现无话可写的尴尬局面。

（四）落实督查制度

老师每天、每周或每月将记录的电子版材料上传到校教研组长处。这一措施的出台将“五个儿工程”直接融入老师的日常教育行为中，从根本上保证了“五个儿工程”的落实。

（五）宣传奖励优秀

为了宣传先进，鼓励后进，市教研所每学期均安排“情系‘五个儿工程’——我讲我的教育故事”事迹宣讲教研活动。大家在活动中听到了大量感人的故事，老师的投入和付出，改善了无数亲子、师生、家校关系。相当多的年轻老师在评优晋职中脱颖而出，受到学科组、学校和教育局的表彰。

务实的实施过程记录了老师成长的心路历程。每天都在应对新的挑战，需要达到新的高度，老师的职业倦怠感消失，师生互爱，教学相长，职业幸福感得到明显增强。

三、实践“五个几工程”取得的成果

（一）“五个几工程”老师参与面广，积累了大量教师真实教育生活资料

目前，全市有100名青年数学老师情系“五个几工程”记录，截至目前一共形成了1200余万字的文字记录，平均每人每学期记录文字3万余字。有9所学校为19位老师出版了“个人记录专著”，以此来见证老师的成长。记录的目的是督促行为跟进与大脑思考，如果我们每一位老师都是一粒积极思考的种子，那我们播撒给学生的将是积极、乐观、向上的优质教育，我们的教育也会发生令人惊叹的变化。

（二）“五个几工程”提升老师师德修养，催生大量感人教育故事

实践“五个几工程”，锻造老师品格。这里积聚了大量真实的原创教育故事：《记录，改变了我的教育生活》《走平凡之路，做幸福之人》《做一名懂得欣赏的教师》《用爱点燃孩子心中的火焰》《守望每一朵花开》《水滴石穿共同成长》《爱一朵花，就要陪她一起绽放》《孩子，我们的心更近了》《我付出，我成长，我快乐》《因为你快乐所以我幸福》《小纸条传递爱》《仁爱之怀成人之美》《不再做吝啬的老师》《在尝试中收获，在坚持中成长》……因为付出，所以爱，老师已然做到读懂爱、付出爱和拥有爱。

（三）“五个几工程”改变了教师的行走方式，学校呈现出新面貌

“五个几工程”于2010年提出，2012年3月正式启动。在实践的两年里，教师的理念与行为发生了根本改变，从“要我做”转变为“我要做”，从“随意做”转变为“仔细做”，老师关注到了每一个学生。比如，六小校长亲自主抓落实，参与实践的6位老师每学期7万余字的记录反思感动了学校的老师，为学校破格评为市级德育示范校做出突出贡献。再如成立才一年多的雅典娜小学的数学老师全员参与，走上教师岗位才一年多的年轻老师借助“五个几工程”迅速成长为学校教学骨干，有些已在全市崭露头角，受到学生、家长及参观学校同人的交口称赞，学校也借助“五个几工程”赢得良好社会口碑。虽然情系“五个几工程”记录周期暂定为2年，但对“五个几工程”彰显出的思想内涵的研究不会有穷期，对“五个几工程”的探究和践行是一项只有起点没有终点的事业。

（四）“五个儿工程”教育成果惠及面扩大，辐射周边地州和其他学科老师

1.“五个儿工程”教育成果辐射其他地区

2012年9月—2012年10月，分别受吐鲁番地区和塔城地区教育局的邀请，面向两地区做巡回报告。2012年9月，在克拉玛依市做“情系‘五个儿工程’”报告，受到《人民教育》杂志和《中国教师报》记者的热切采访。

克拉玛依市教育局网站上有关“五个儿工程”的文章及宣传报道多达几十篇。

2.“五个儿工程”教育理念向其他学科渗透

“五个儿工程”发源于小学数学学科，如今已被其他学科和部分中学老师接受。了解学生，发现学生，进而成就学生，如今已成为老师的自觉追求。

四、“五个儿工程”实践的效果分析及反思

（一）效果分析

1. 反思自身教育行为——从无为到有为

叶澜教授曾说：“一个教师写一辈子教案不一定成为名师，如果一个教师写三年教学反思就很可能成为名师。”这里的反思，一定是指有思考含量的反思。如果以应付的态度写，即使写30年也不会成为名师。而从参与实验的老师的记录中，我们也能看到老师从应付到绞尽脑汁再到自然而然的一个转变，良好的反思状态，唤醒了老师的自我专业成长意识。

二小万冬玲：每天反思几件事，一开始是绞尽脑汁地想，总要想一些有点深意、值得思考的东西出来，觉得很费劲、很辛苦，这种辛苦不知道什么时候慢慢地消失了。看到某个孩子的笑容会有想法，看到家长目送孩子进校园会有想法，接到家长的一个电话会有想法，听到课堂上孩子回答问题会有想法……不知道是不是惯性，想法越来越多，而且越来越自然！

2. 研究学生、关注学生——从个体到全体

基于改善师生关系而提出的“五个儿工程”，将“关爱学生”这种意识形态的要求物化为具体可操作的事情。在记录的过程中，这种看似硬性的要求，

却让实验老师发现了自己“不会表扬”“和学生没话说”，发现了自己以前教学工作简单粗暴。实验前，老师自认为对学生还算了解和关注，而“五个几工程”，大多数老师将以前无意识的行为变成有意识的行为。

张东桃：看着记录我才惊讶地发现，我的记录中全都是“学困生”，谈话的是他们，表扬的是他们，批评的还是他们，好学生中只有几个拔尖的偶有提到，至于那种乖巧听话、学习还可以的鲜有出现，几乎完全被我忽略了。

第多惠斯说：“教学艺术的本质，不在于传授本领，而在于激励、唤醒、鼓舞。”做好“五个几工程”，就是在追求教学艺术，追寻教育真谛。

3. 构建和谐师生关系——从被动到主动

著名的心理学家李子勋先生说：“好的关系胜过好的教育。”正是老师用真诚的心换来了学生的一片童心，教学的和谐由此开始。师生关系的和谐，使参与实验的老师心情愉悦，获得了尊重与成就感，也培养了参与实验老师积极向上的心理。

刘梅：现在在我的课堂上不仅仅是我在表扬他们，他们之间也在互相赞赏，孩子们有时候也会夸奖我。这种相互的赞与赏，让孩子们在自信中不断成长。

4. 增进家校互信——从消极到积极

（1）虽然“五个几工程”还只是在部分老师中推行，宣传也仅限于学校内部，没有告知家长，但孩子的变化，家长最能感受到。在多位参与实验老师的记录中，都有与家长沟通方面的内容。

李洁：偶尔还会接到家长的电话：“老师，昨天我们家孩子高兴地回来说，你表扬他了！”

（2）在与家长的沟通上，老师往往处于相对强势的位置，一般也都是学生出现问题了，老师找家长了解情况，难免将沟通演变为告状。而参与试验的老师在不自觉地改变着与家长的沟通方式，逐步建立起一种平等的关系。

程淑敏：这些家长还给我传授了许多教育孩子的方法和小窍门，倒是让我受益匪浅。

我们深切地感受到，得到老师的关爱与喜欢的学生是那么幸福和激动，得到老师关爱与喜欢的学生的家长也是那么幸福和激动，而得到家长认可的老师也同样是幸福和激动的。

5. 教学成绩的提升——从应然到由然

“五个儿工程”的实施目的是让学生因“亲其师”而“信其道”，最直接的体现就是成绩的提高。目前，参与实验的老师已经感受到来自这方面的变化，享受到实施“五个儿工程”的喜悦。我们对第八小学顾瑞雪任教班级的成绩进行了对比分析：纵向比较，她所带的两个班整体成绩较上学期都有所提高，其中一个班综合成绩优秀率较上学期提高了11.97%；横向比较，她所带的两个班的平均成绩在年级的排名较之前有较大提升。

（二）“五个儿工程”面临的困境

（1）实验初期学生变化效果不明显，加上工作量大，老师比较泄气，缺乏成就感，部分老师放弃或应付。

（2）记录的内容多是孤立事件，缺乏对某一事件跟踪式、连续性反思。

（3）缺乏有深刻内涵、含金量的反思记录。

（4）将“五个儿工程”理念转化为全体教育工作者共同信念还缺乏必要手段。

（三）反思与改进

（1）市、区、学校、教研组要多关心支持参与实验的老师，尤其是学校要多为老师创造展示实验成果机会。

（2）要细致观察，赞扬老师的点滴进步；给予信心，增强老师进取的勇气。

（3）记录只是促进“写”的一种形式，其根本目的是以写带动阅读、思考和实践。随着实践的推进，今后可以在写的方式上进行更加多样化和个性化的探索与尝试，以此改变固化记录的形式。

“仰望理想的天空，走实脚下每一步。”教育研究需要思想，更需要行动。有教育人曾说：“我们今天不缺乏思想，思想也不缺乏深刻，但我们缺乏的恰恰是把深刻的思想转化到具体行动之中，我们缺乏的恰恰是把平凡琐碎的事情耐心地慢慢做好。”

任何值得做的事都要做好。中小学教研不能只在云端跳舞，必须贴在地面行走，重要的是要有高尚的坚守与不懈的行动。

数学老师每天要做的“五个几工程”

克拉玛依市教育研究所　张连勇

作为数学教研员，在学校和老师交流中听到最多的话就是“我很忙”和“没时间”。工作日百分之百很忙，老师可以找出100个理由来支撑“我很忙”。但老师是不是每天都忙得有价值值得怀疑。作为一名教育工作者，我不得不坦白承认，并不是百分之百的老师都忙得有意义、有价值，有些甚至忙而无获。那么除了每天必须完成的工作，还需要在工作过程中添补哪些“调料”，才能使我们每天的工作“色、香、味”俱全，让别人垂涎三尺，让我们自己营养丰富，健壮、充实、优雅、富足呢？这里提出数学老师每天要做的“几件事”，以飨同人。

一、每天和几个学生说几句话

备学生是备课的一项重要内容，了解学生是教学的前提，教好学生的首要条件就是了解学生。正所谓“知己知彼，方能百战不殆”，老师了解学生，才能够教好学生。老师要了解学生的学习态度、思想动态、家庭情况、性格特征、听课感受、作业完成情况、师生感情、同伴相处等。老师了解学生的途径多种多样，包括课堂观察、作业浏览等，但最简单、最行之有效的方式是师生之间的语言交流。语言交流是打开学生内心世界的钥匙。通过语言交流，教师不仅可以了解学生学习知识的情况，还可以及时了解学生的想法和观念，以便及时调整教学策略，做到整体教育与个体教育“同步不同力，同教不同法”，这也是因材施教原则最好的体现。所以，老师每天多和几个学生多说几句话吧！

二、每天赏几个学生赞几句话

马斯洛的需要层次理论认为，除了最基本的生理、安全需要，对尊重的需要也必不可少，每个人都有得到他人的肯定和欣赏的心理需求。教育心理学还认为，渴望被信任、被重视、被看得起是学龄儿童或青少年最大的心理需求。处在成长高峰期的青少年儿童，随着自我意识的不断增强，渴望得到老师和其他成人的尊重。得到别人的羡慕、好感和赞扬，是这一年龄段青少年的第一心理需求。每天赏几个学生赞几句话，满足学生的心理需求，使学生在喜悦的心理环境中接受教育，可以大大地增强教育的收效。所以，老师“每天多赏几个学生多赞几句话”是一件事半功倍的事情，何乐而不为呢?

三、每天给几个学生讲几道题

老师要面对班里几十个学生，不同的学生水平不同，对其所采取的教学策略也不尽相同。很多老师都对班里的学困生感到头痛，哀其不幸，怒其不争。“引领优秀生，唤醒学困生，关注中等生”是老师日常教学中需要研究的课题。但在数学教学上，无论是学有余力的优秀生、不上不下的中等生还是艰难挣扎的学困生都必须完成“做题”这项作业。只要老师树立“不存在差生，只存在有差异的学生”的新理念，针对学生的差异开展“差异补学”，做到心中有“人”，因“人”施教，铁树也会有开花的那一天。

四、每天析几种错题读几页书

批改作业是数学老师每天必做的一项工作。通过批阅学生作业，老师能掌握学生对知识点的掌握情况，并针对性地调整和安排教学情况。错题作为学生学习过程中的薄弱点，老师要重点关注，分析错误原因，找出症结所在，提出应对策略，从而在课堂教学中有所侧重。分析错题原因，教师就能冷静面对学生做错题的现象，由一味责怪学生转向反省自身教学。腹有书香气自升，读书提升修养。引导教师养成课前阅读《教师教学用书》的习惯，不断学习，与时俱进，真正做到教学相长。

五、每天留几分钟反思几件事

在日常教学工作中，老师或多或少、有意无意、自觉或不自觉地做了“几件事”中的一项或几项，但笔者要指出的是，应将这些每天必须完成的常态事务明确列出，作为老师工作日程安排中的硬性任务，而不再是有时间就做，没时间就不做。这“几件事”不是难得高不可攀的事，老师只要想做就可以做到，只要认真对待就可以做好。为创建和谐师生关系，促进校园安全，加强家校联系，端正学生学习态度和培养日常学习习惯，提升教师教育教学水平，早日实现克拉玛依教育现代化，让我们从每天的“几件事”做起。当全部老师都能把“几件事”悄然内化为自身的教学行为时，就能造福学生。让我们为此尽自己的一份力，将“几件事”打造成“五个几工程”，成为教育行业中的口碑工程。

选择老师作为终身职业，就意味着选择忙碌终身。老师是太阳底下最光辉的职业，也是较为繁忙的职业，但老师比很多其他职业更有雅趣，不管什么时候，我们一定要珍惜，要本分，要知足。我想，作为一名数学老师，只要每天坚持完成“五个几工程”，老师的“忙”就有了方向，老师就能“忙”出价值，“忙”出意义，“忙”出味道，“忙”出精彩，“忙”出前途，得到学生、家长和社会的理解、认可，走向成功，走向辉煌。

感受爱的力量，拉近心的距离

——情系“五个儿工程”，我讲我的教育故事

独山子区第七小学　王蕾

时光荏苒，距离我上一次做“五个儿工程”汇报已经过去了5年。每天和几个学生说几句话，每天赏几个学生赞几句话，每天给几个学生讲几道题，每天析几种错题读几页书，每天留几分钟反思几件事。不知从何时开始，这些悄无声息地融入了我的工作生活当中。已经习惯了和学生聊聊今天所遇到的趣事；看到好的行为，听到精彩的回答，批改到整齐的作业，都忍不住要表扬几句；总惦记着今天的重难点，班级里的哪几个孩子没有掌握，抽时间一定给他们单独讲讲，无论是看专业技术类的书籍还是听教育类的书籍，总之，一定坚持给自己“充充电”；也习惯了利用课间和同组老师交流当天教学中遇到的问题，反思自己的课堂教学，也给自己留出时间，反思今天和学生相处中遇到的喜与悲……

日复一日，年复一年，回顾往昔才蓦然发现，自己早已经将“五个儿工程”内化到了心里。

一、跟学生相处要怀父母之心

班级里的小艾是大家口中的“问题学生”。但要说她是问题学生，你一定不会信，因为第一次见到她的人都会被她纯真的笑容打动。班级里最爱举手的人是她，声音最洪亮的也是她。可一段时间后我发现，她的思维虽然敏捷，但思考不够周全，听到别的同学回答比她好，就翻白眼；如果她举手我没有叫她，她的情绪就瞬间跌落谷底，一整节课都不在状态，一会儿左顾右盼，一会儿和周围同学窃窃私语，扰乱课堂纪律。正当我为她的问题头痛不已时，小雪

同学哭着来向我告状，伸出被掐红的胳膊说：“蕾蕾老师，我不借给小艾橡皮，她就抢我的橡皮，还掐我！”看着小雪红肿的胳膊，想着小艾上课时的种种状况，我被愤怒情绪牵引着冲向小艾，把她拽进办公室，刚把门关上，她就号啕大哭起来：“不是我的错，都怪小雪，她凭什么不借给我橡皮？不就是她爸爸给她买的吗？我用用还不行吗？”我什么话都没说呢，她倒先哭上了。“小艾，橡皮是小雪的，她有权力决定借不借给你，你为什么要动手掐她？实在想要那个漂亮橡皮，让爸爸给你买一个就行，为什么要抢？”话音刚落，小艾一转身哭着跑出了办公室，我更生气了，心想这个刚入学没多久的孩子真是没有规矩，一定要联系家长，好好说说。我和小艾妈妈说了发生在学校的事后。小艾妈妈轻声说道：“蕾蕾老师，小艾没有见过爸爸，还没有出生时，她爸爸就不在了。”“嘭”的一下，我的心被小艾妈妈的一句话击碎了，我当即挂断电话，开车奔向了小艾的家里，敲开门，看到小艾立即上前抱住她：“小艾，对不起，蕾蕾老师给你道歉。”“没关系，蕾蕾老师，我也有错，我不该抢小雪的橡皮，我明天就和她道歉。”“刚才小雪说她也有错，你们是好朋友，应该互相帮助，她不应该那样做。”

那天之后我每天都会利用课间和小艾聊几句，和她谈谈心，我俩的关系也越来越近。但随着年龄增长，小艾爱“动手”的毛病也越来越严重。作为纪律委员的她在管理不服管的学生时常常会“动手”。我和她反复沟通，她能认识到自己的错误，也在努力改正，但总是成效不佳。一来二去，同学们不愿意让她当纪律委员了，家长也有诸多不满。因为我是包班老师，在一次家长会结束后，几个家长联合起来找到我，要我好好处理小艾的问题，小艾的妈妈也反复给他们道歉，但家长们担心以后小艾还会“动手”，依旧要求严肃处理小艾，撤掉她的纪律委员职务。我担心这对小艾的伤害太大，所以单独和这位家长说：“其实，小艾正是因为缺乏父亲给予的安全感，凡事都要自己保护自己才做出过激行为的，并不是有什么不好的心思。请你们站在一个7岁孩子的角度去理解她，对她宽容一些。她已经认识到了自己的错误，给她一点时间，她一定会改的！”

有一天，小艾对我说，虽然我没见过爸爸，但是我有两个妈妈。一个家里的妈妈，一个学校的妈妈，我是不是很幸福？听到小艾的话，我羞愧得无言以对，因为作为学校的妈妈，我做得还远远不够。

每一个孩子都是祖国的希望。对每一个孩子我们都应该耐心、细心，对他们抱有希望，真诚地爱着他们，把他们当作是自己的女儿或者儿子，把浓浓的师爱化作每一个孩子童年里的温暖。

到今天为止，小艾依旧是那个“问题学生”，她的身上还有很多不足，例如，上课不听讲偷偷传小纸条，因为不喜欢英语老师故意不写作业，顶撞老师等。随着青春期的到来，孩子生理和心理各个方面都出现了诸多状况，孩子有了对立的情绪，有了自己的想法，小伙伴们也有了许多小秘密。作为老师的我，虽然已经做了自己该做的，但有时也陷入迷茫，小艾同学虽然认可我给她的“母爱”，但缺失的父爱，又该怎么弥补呢？

二、跟学生相处要持谦虚之心

严师出高徒，在以往的教育教学中，我严格要求学生，也要求学生必须绝对服从。

班里的小穆同学上课不认真听课，侧着身坐着，一副吊儿郎当的样子，还不时和周边的同学说笑。看到这种情况，我对所有的学生说：“在课堂中我们应该怎样坐？”其他学生都很自觉地坐端正，唯独他像没有听到一样，我行我素。

于是，我对他进行了严厉的批评：“课堂上要求坐姿端正，这是每个学生都应该做到的，你认为你很特殊吗？”听了这句话，他用不理解的眼神看着我，依旧无动于衷。“如果你认为上课时要用这样的坐姿来听课，请你从下节课开始不要面对黑板，面对班中所有的同学坐着。”我继续说。

看到我严肃的表情，他慢慢地坐好，嘴里还不停地嘟囔着，而我明显感觉到，他有许多的不愿和不满。之后的课堂上，小穆依旧我行我素，还时不时发出怪声，扰乱课堂秩序。

回想起《正面管教》一书中提到，在教育这件事上，我们经常对孩子说“你不要……”句式，却很少说“你要……”“如何做才能……”。我们经常摆出一副高高在上的姿态，指责孩子这不对那不对，站在孩子的对立面批评他，却没有真正平等地和他们交流对话。简单的几句话描绘出了我此刻的形象。

那天上完课，小穆还是和原来一样。我对他说：“小穆，咱俩可以聊一会儿吗？”等了一会儿，他慢吞吞地挪到了我跟前。还是那副模样，站没有站相，坐没有坐相。“小穆，我能理解你的感受，如果有人当着全班同学的面批评我，我也会非常生气。”小穆抬起头看着我。“其实，我这样说你没有别的意思，咱们换位思考一下，如果你是老师，遇到这样的学生你会如何做？”小穆低下头说：“我不知道。”我继续说：“小穆，别看我是老师，其实我和你的答案一样，我也不知道！”小穆露出了惊讶的表情，我继续说道：“真的，我知道你也想要改变，可很多时候就是管不住自己，总不能把你绑在凳子上吧？”“蕾蕾老师，要不就绑吧！”我继续说：“你看，上课时你总管不住自己，要和周围的同学说悄悄话，在座位上东倒西歪，还时常不举手就接话，确实影响了咱们班的课堂。我这有个办法，你听听看？”“老师，你说！”“我正好读到一本书叫《正面管教》，里面说‘扰乱课堂纪律的孩子，往往具有一定的领导能力，可以帮助孩子将其不良行为转向有贡献的方向’。我思考再三，想请你当数学课上的纪律监督员，在听课学习之余，顺便帮我管管班级纪律，你落下的数学课我帮你补上，行不？”他想了想说道：“行，老师，一言为定！”

之后，每次上课时，看到他认真负责的样子，我都很欣慰自己学到的方法奏效了，与其天天告诉他“不要这么做”，不如让他知道应该怎么做。作为教师，我们也需要不断学习，不断进步，做一个永远与学生一起学习、一起成长的人。教师与学生互相依赖，是共同成长的伙伴。

老师的幸福不仅表现为学生的成长，还表现为自己变充实了。吾生有涯，而知无涯。老师的职业特点决定了我们需要不断地读书，不断地给自己“充电”，始终保持一颗谦虚好学的心。

陶行知先生说：“你的教鞭下有瓦特，你的冷眼里有牛顿，你的讥笑中有爱迪生。”教育不是立竿见影的工作，而是一个长期积累的过程，路漫漫其修远，我会时刻提醒自己。

我们一起看柳绿花红，一起放风筝，一起逛跳蚤市场，一起打雪仗、堆雪人，一起研究数学，一起在操场上踢足球。表扬学生的优点，赞美他们的闪光之处，用美好的语言激励他们，用真善美的故事启发他们。快乐洋溢在学生的脸上，幸福也一定会荡漾在他们的心头！

每天实施“五个儿工程”不仅带给我学生的爱，更重要的是让我明白自己不仅是一名数学老师，更是一位“教育工作者”。没有惊天动地的感人故事，也没有改变一生的惊人举动，但我会尽自己的微薄之力，让我的学生能被这个世界温柔对待，这样将来他们才会有温柔对待世界的能力。我想，这就是爱的力量，这份力量一定会拉近我和学生之间的距离，助他们展翅翱翔！

用心感受，用爱关怀

——我的教育故事

克拉玛依市第二小学　万冬玲

这一方三尺讲台，我站了近20年，回望自己的教学生涯，有幸福也有遗憾。

2023年，我在第七小学轮岗，在那里我遇到一名特殊的维吾尔族小朋友，她的智力有问题，但我依旧被她天真、淳朴、发自内心的笑容深深感染了。每天无论我几点到学校，她都会从学校的某个角落里突然蹦出来，然后牵着我的手笑着对我说：“老师，我想你了。”我用力地捏捏她的小手，摸摸她的脸庞对她说一声：“早上好，愉快的一天开始了！”她就笑得更灿烂了。我们手牵着手走进教室，她会很自豪地向全班同学炫耀她是和我一起进校园的，我当着全班的面握紧拳头对她做一个加油的姿势。她很认真地放下书包，然后很自信地上交数学作业。尽管她的作业全是错的，但我还是会在她的本子上画一个笑脸。其实，每个孩子在学校的收获不同，有的收获知识，有的收获友谊，有的收获快乐，只要让学生有所收获，教育就是有意义的。

我曾带过一个学生，她的哥哥在大火中丧生。在和她的聊天中，我知道她的哥哥非常优秀，父母因他而骄傲，但她却很平凡，长相平凡，学习也不出众，她的父母总是拿她和哥哥相比，多年来她一直活在素未谋面的哥哥的阴影中，父母似乎也对她失去了信心，疏远、冷落她。有一次，她的脚扭了，我和她的妈妈联系后请家长来学校接她，把她送到门卫室就匆匆赶回教室上课了，等我批改完作业下班后竟然发现她还在门卫室。我焦急地冲进去问她为什么妈妈还没来接她，她伤心地哭了：“妈妈让我自己回去，我知道她在打麻将。”我震惊了！我把她从教室扶到门卫室都费了好大劲，她脚扭了怎么能自己回去？看着她哭泣的小脸，我只能安慰她：“妈妈可能有什么急事来不了，我送你回去。”当我把孩子送到楼下按响门铃时，她的妈妈竟然真的让她自己上楼。听着楼上传来的麻将声，她再一次哭了，没有说一句话。

我扶着她爬上三楼，感觉爬了很长时间。短短一段路，我想了很多：我该怎么安慰孩子？该怎么和她妈妈沟通？进门后尴尬的场面该怎么打破？进门后我没有说一句话，默默地把她扶到床上，帮她脱下鞋子。麻将声依旧在继续，我想分散她的注意力，陪她写起了作业。麻将声终于停止了，她的妈妈走进卧室，看到我连忙道谢。她第三次哭了，我知道她哭不是因为脚疼，而是因为心疼。我摸了摸她的头，让她专心写作业，和她妈妈到客厅长聊起来。我听她的妈妈倾诉自己的辛酸、无奈，可这一切都不该让一个孩子来买单。从那以后我格外关注这个孩子，也经常和她妈妈聊天。也许是妈妈对她的态度有所好转，也许是她习惯了，她的脸上笑容越来越多，变得开朗、爱笑、爱动了。那一刻我庆幸那一天我送她回家了，庆幸自己和她妈妈做了一次长聊。

教育的种子要用心去播种，成长的奇迹需要用时间去见证。我会和我的学生肩并肩、手牵手一起谱写一个个动人的教育故事。

关爱的瞬间

独山子区第七小学　王小丹

“真教育是心心相印的活动，唯独从心里发出来的，才能打到心的深处。”作为一名从事小学教育的人民教师，陶行知先生的这句话震撼了我的心灵。

谈到我的学生，一种特殊的感情油然而生，那一个个鲜活的身影、一张张天真的脸庞、一件件平凡的小事与一个个共同走过的日子充实了我的生活，丰富着我的人生。“五个儿工程”实施后，我尝试去关注学生的成长，每天和几个学生说几句话，每天给几个学生讲几道题，每天留几分钟反思几件事。这需要我们持之以恒地坚持，但我有信心和耐心，因为我懂得：用爱触摸孩子心灵，心与心会贴得更近，教育才能水到渠成。

小亚同学跟班里其他孩子一样，活泼好动爱说笑，不一样的是，小亚的活泼不分课上与课下，这让我很头疼。记得有一次汇报课，老师们来听我们班的数学课，小亚可算逮到了“自我表现”的机会。上课过程中，他不断地打断我，一会儿乱喊乱叫发出怪声，一会儿举手问我一些与上课无关的问题，一会儿又用英文回答数学问题……因为有老师听课，我不便“收拾”他。趁着小组讨论的时候，我走到他跟前，悄悄地“恐吓”了他一下，这才顺利地上完了课。课后我对他采取了冷处理，没批评他，也没搭理他。刚开始时他还比较乖顺，没多久就又开始放飞自我了。终于在其上课交头接耳使其他学生不能专心听讲的那一天，我爆发了。

在一声斥责下，小亚满不服气地用不屑的眼神瞅着我并狡辩自己没说话，我让他站到教室后面反省一下。万万没想到，他竟变本加厉，在教室后面走来走去，还跟坐在最后一排的学生说说笑笑。无奈之下，我让他站在了讲台一边。即使这样，他还不时地做鬼脸，这孩子真是太调皮了。下课之后，我叫来小亚同学，但他的一句话让我无言以对：“哼，让老师批评也比不被老师关注强，最起码老师还能记住我！”说完就一脸倔强地走了。我心想：坏了，批评教育对他不仅不能产生引导作用，反而加重了他的逆反心理。之后我立即了解了他家的情况，父母离异，工作都很忙，常常顾不上他。家里就他一个孩子，每天自己上下学，中午放学和晚上放学也都是独自在家写作业学习。我想他的性格与其家庭有极大的关系，其实他更需要的是爱。了解这一情况后，我逐步试着跟他聊聊天、谈谈心，单独给他辅导作业，随着对他的了解不断加深，我发现小亚身上其实有很多闪光点。

有一回，班里有一张卷子撕坏了，班里的小朋友们都不愿意要这份撕坏的试卷，小亚却毫不犹豫地说：“我来写，我可以把撕掉的那一行抄下来。”这件事让我看到了小亚同学的担当，我在班里公开表扬了他。平时慢慢地对他进行鼓励，小亚同学也有了明显的变化，课上不捣乱了，知道听课了，交作业也及时了，一切都在向着好的方向发展，我很欣慰。

后来，小亚同学又给了我一个意外惊喜。一次口算比赛，小亚同学却无所事事，我走过去问：“想什么呢？别的同学都在认真写，你怎么不写？”没料想，小亚同学很认真地对我说：“老师，我已经写完了。”我一检查，小亚同学竟然全部答对了，我心里甭提有多高兴了。我立即跟班里同学说：“咱班最先完成的是小亚同学，希望咱们班每一位小朋友都能像小亚同学这样，让自己在新学期有一个新面貌，在学习上更上一层楼，在成长的道路上迈向新的台阶！”

很多教学案例都表明，学生的学习方向掌握在老师的手里。一次数学课上，我发现张同学从上课开始到结束，本子都是空的。据我观察，她平时是个很活泼的孩子，爱说爱笑，但到写字时表现得很沉默。经过和语文老师的沟通及与家长的接触，我了解到以前她很爱写字，但写得不好。有一次写字，老师批评她说：“人长得挺漂亮，写的字可不怎样呢！”还把她的字和别的小朋友的进行比较。从那以后，她就十分厌恶写字。我意识到，这件事严重伤害了她那颗幼小的心灵，自卑和怯懦使她对写字产生了一种强烈的恐惧感。要想让她重新喜爱写字，关键是要帮她树立信心，让她觉得“我能行”。以后数学课上写数字时，我经常走到她身边摸摸她的头，亲切地对她说：“你很聪明，只要你敢写，用心写，你一定十分出色。”听了我的话，她开始在本子上试着写起来，看到她歪歪斜斜的数字，我由衷地夸奖她说：“你写得真好，如果这样改一改会更好。”她美滋滋地点点头。在我的不断鼓励和赞赏下，她写出了端正的数字，语文老师也反映她的汉字书写有了很大进步。我还经常把她写的字在全班小朋友面前展览。慢慢地，她对写字产生了浓厚兴趣，每次写字时都十分认真，家长也反映她回家就喜欢练字。

如果一位老师能把热爱事业和热爱学生相结合，那他就是一位完美的老师。天空对小鸟的关爱，让小鸟快乐地飞翔；大海对鱼儿的关爱，让鱼儿自在地遨游；老师对学生的关爱，能让学生快乐地成长。在日常的教育教学工作中，老师应如春雨般润物细无声地做好每一位学生的工作，为他们的成长掌舵导航，使之成为一个身心健康的人。

在教育教学工作中，最重要的就是爱。老师的爱是阳光，是空气，是水分，是学生成长不可缺少的养料；老师的爱是一座桥，沟通教师与学生的心灵；老师的爱是一种无形的催化剂，使学生自尊、自信、自强。

每一个孩子都是一个精灵，他们身上有着各自的闪光点，需要我们用心去发现，用爱去浇灌。在以后的教学中，我将继续满怀爱心教育学生，鼓励学生努力前进，快乐成长。

手捧师爱，滋养心田

独山子区第七小学　于子涵

时间如白驹过隙，不知不觉中我已经参加工作四个年头，当初的我怀着满腔的热情和无限的希望，毅然决然地来到这里开始我的教学生涯。在这几年中，身边的人和事让我多有感触，也教会我很多，让我成长很多。

作为一名刚踏上工作岗位的青年教师，一开始我很茫然，不知道如何才能成为一名好老师。在平时的教学工作中遇到各种各样无法想象的问题，心中不禁有些忐忑，幸运的是，学校各位领导和许多老师在工作和生活上给予我很多帮助。四年的工作和实践经验告诉我，想要真正赢得学生的信任，不能只靠每天的备课、讲课。

教学过程中我们经常会通过一个个励志故事来激发学生的学习热情。有学生受益终身，也有一些学生充耳不闻。怎样才能把这些学生拉回来，是一个值得我们去思考的问题。

教育家苏霍姆林斯基把教师热爱学生看作“教育的奥秘”，他的座右铭是“把整个心灵献给孩子们”。当学生意识到老师是真心爱护他、关心他、为他操心时，面对无论是耐心的帮助还是严肃的批评，甚至必要的斥责，他们都会乐意接受。这就是所谓的“亲其师，信其道”。

道理很简单，但做起来有一定难度，因为每个学生的状况不同，办法是否通用也未可知。我遇见过一个叫穆萨的学生，非常可爱，小脸肉嘟嘟的，可就是这样一个可爱的孩子在一年级时经常欺负同学，不好好上课，别的孩子完成了练习任务，他的书却还是空空的，一堂课下来常常让我焦头烂额。最后，我和小穆的父母进行了沟通，但他们都很忙，没有太多时间去管教孩子，面对淘气的孩子父母也有心无力。

之后经过一段时间相处，我发现穆萨同学很聪明，反应也很快，他只是不愿意去听课，没有养成认真听课的好习惯。自此之后，我每天利用课间和他交流几句，问问他最近遇到了什么有趣的事情，这节课有哪些收获。只要他有一点点的进步，我就会肯定他、鼓励他，我们之间的关系越来越融洽，成了好朋友。他感受到我对他的关心和喜爱，慢慢地爱上数学、喜欢上数学课，后来穆萨同学不再扰乱课堂，也开始在主动举手回答问题，和同学相处也变得融洽起来。

转眼间两年过去了，如今穆萨同学已取得很大进步，虽然他还是有很多问题，有时也会偷偷懒，但他会主动来找我寻求帮助，我感受到他对我无比的信任。“随风潜入夜，润物细无声。”对特殊学生的教育应当像杜甫笔下的“好雨”，给予他们心灵的呵护、真心的关爱，在成长的道路上无声地滋润他们的心灵。

和学生相处还要有发现美的心，多一些鼓励与赞扬，才能发现更多的美好。班里有一个孩子叫小安，长得高高壮壮，成绩不是很好，反应能力也不是很快，上课爱做小动作，每次我都会严厉地制止他，他也不太情愿地坐好重新认真听课，这让我对他又爱又恨。直到有一次卫生大扫除，班里一个女生提着接好的水准备回班，小小的她提得很吃力，细心的小安看到了这一幕，立马停掉了手里的活儿去帮她。不仅是这一次，通过后面的观察，我发现小安是一个很有礼貌、乐于助人的善良孩子，我在班里赞美表扬了他，帮他树立了自信心，之后他只要有一点点进步，我就会当着全班同学的面表扬他。渐渐地他在课堂中进步越来越大，上课时越来越认真。他慢慢地爱上数学，做作业也比之前积极很多。我相信通过我和他的共同努力，他一定会越来越好，越来越优秀！

有位哲人曾经说过，“人的精神生命中最本质的要求就是渴望得到赏识”。小安的故事让我觉得坚持把赏识教育的理念运用到实际教学活动中，才能开发学生的潜能，促进学生成长。学生的成长具有两面性，每一位学生都既有优点，也有缺点，二者在一定条件下可以互相转化。教师的赞美与鼓励是促使缺点转化的催化剂，要充分利用。赏识学生，对学生的思想和行为做出肯定性评价，能使学生认清自己的优点，产生愉悦的情感体验，增强进一步发展优点的愿望和信心。当他们有进步需求并在行动中有所表现时，恰到好处的鼓励与赞美，会带来事半功倍的效果。所以，我们在教育教学中一定不要吝啬对学生的表扬和鼓励，一句真诚的评价就是鼓励学生奋发向上的强大动力。

如今，我和这些学生已经一起走过了四年的岁月，在一千多个日子里形影相随，忘不了我的学生，更忘不了默默支持我的家长。当我情绪低落时，看到的是孩子们一双双关切的眼睛；当我倦怠时，看到的是家长们信任的目光，是他们让我感受到了当老师的幸福，是他们让我沐浴在太阳底下最崇高的事业的光辉之中。他们无时无刻不在支持着我，感动着我。三尺讲台，舞台虽小，但我手捧师爱，憧憬明天；一间教室，视野虽窄，但我热爱学生，无悔青春。

带着爱心和耐心，走进学生的世界

——“五个几工程”汇报交流

独山子区第七小学　白嘉琦

曾读过一则故事：一个小和尚自进寺庙起，就立志成为远近闻名的高僧。为此，他每日钻研佛学，参悟禅理。几年后，小和尚的学问大有长进。一日，小和尚去请教方丈，如何才能成为真正受人景仰的高僧？方丈说，唯有云游四海，博世间疾苦，撒佛家慈心。小和尚颇觉有理，决定次日就出发。可正要出门之际，他犯愁了，行囊中仅有衣钵，若下雨怎么办呢？于是，他带上了伞。正要出发，他又犯愁，要是遇上坏人咋办？于是，他带上了刀。就这样，小和尚经过深思熟虑，决定带上伞、剪刀、笔筒等，然而这些东西太重了，他根本就搬不动。小和尚的远游计划只好搁浅，他把苦恼告诉了方丈。方丈听罢大笑，说：“出门远游，什么也不用带，只需两颗心足也！”小和尚不解其意，方丈点醒道：“两颗心，即善心和决心。善心，可让你处处得他人之助；而决心，可让你坚定自己的想法，一步一步达到目标。”小和尚恍然大悟。欲有所作为，只需拥有善心和决心，拥有了这两颗心，就可以换来一切我们需要的东西。

细品故事，意味深长。我不由想到，作为教师的我们又该带上哪几颗“心”踏上教育旅途呢？窃以为，教师拥有基本的爱心和耐心方能在平凡的岗位上创造不平凡，让琐碎的教育工作富有情趣和魅力，让教书育人成为生命的享受。

在我眼里，每一个学生都是一朵含苞待放的花蕾，作为教师，我们有职责让他们都绚丽地绽放。个性是那些“带刺的花蕾”，对此我们更应多一些关爱和呵护。在独山子区从教的两年多里，我也遇到过“小刺头”。刚开始面对他们时我不知所措，以自己的狭隘观念认为一定要镇住他们，让他们怕我，不敢在我的课堂上调皮捣蛋。然而，我的咆哮不仅仅没有一点作用，反而让他们变本加厉。

就在我深陷这种恶性循环的时候，学校教研组老师带领我们学习了张连勇老师提出的“五个儿工程”——“每天和几个孩子说几句话、每天赏几个学生赞几句话、每天给几个孩子讲几道题、每天析几种错题读几页书、每天留几分钟反思几件事”。“五个儿工程”让我们从看见学生做起，让我们俯下身来看见学生、了解学生、走近学生从而融入学生。它带给我们的不仅仅是教师的转变，更是融洽的师生关系。正是“五个儿工程”让我慢慢地和这几个“猴孩子”的心理距离变近了。

一、暴躁的小胖子

他是王同学，一个又黑又壮的小胖子，脾气比较暴躁，不能够很好地管理自己的情绪。开学初，王同学和妈妈一起来班里帮忙布置教室，因为没有给他找到合适的活干，他开始大喊大叫，闹情绪。开始正式上课后，课堂上他想说什么就说什么，发言也不举手，想离开座位就离开座位。他还是一位吃不了亏的主儿，与同学相处时谁要是说他一句，动他一下，他就一边叫喊一边用那肉乎乎的大拳头捶打别人。刚开始见他这样扰乱课堂纪律时，我很生气，严肃地批评了他，但是一点用都没有，下次他会叫得更大声。

于是我开始反思自己的处理方式，想到了“五个儿工程”里的“每天和几个孩子说几句话、每天赏几个学生赞几句话”，我想能不能把他这种暴躁的情绪转化一下？于是，我利用课间耐心地跟他沟通：“你的个子都快比老师高了，是个小大人了，老师看得出来你的力气很大，像大力水手一样，你能不能用你的大力气帮老师的忙？”他一脸好奇地看着我说：“我能帮什么忙？”我说：“你能帮我抱作业啊，可以吗？”他开心地答应了！之后他每次都积极地帮我抱作业到办公室，有时甚至中午一来就来办公室找我，问我作业改完了没有。我在全班同学面前表扬了他关心班集体、帮助老师，是个热心的好孩子。而且我发现王同学除了帮我抱作业，还会在值日时帮同学把椅子抬到桌子上，会去水房提水洗拖把。看到他一点一滴的变化后，我再次在全班面前表扬了他，并给他发了一个“劳动徽章”。慢慢地，班里好多大个男生也开始抢着争着要做“大力水手”帮助大家。久而久之，我发现王同学的脾气没有那么暴躁了，能控制住了，有时候看他气呼呼地把拳头捶在桌子上，我会走到他跟前，悄悄地对他说：“没什么大不了的，不要动不动就生气，要开心一点，做一个快乐的小学生。”他就会忍不住笑场。

王同学对学习的兴趣一直不是很高，每次改错都拖到最后，于是我利用课间的时间，跟他一起分析错题多的原因，把当天没有学扎实的内容再细细地讲给他。在最近学习两步计算解决问题时，我发现他举手的次数变多了，愿意表达自己的想法了。于是，课堂上只要看到他举手，我都会叫他，答对了，就大声地问其他学生：“你们赞同吗？掌声送给他。”看着他满脸的喜悦及下课了还在做题的劲头，我内心感到很欣慰，对他说：“王同学，你还是很聪明的嘛，这不是学得挺好嘛，以后你也像这样都认真听课，好吗？”他不好意思地笑了，说：“我努力吧！”看着他现在一点点变好，我作为老师的幸福感油然而生。

二、情商高的学生

瘦瘦小小，不爱说话的艾同学刚上小学时，爸爸因为工作常年不能回家，妈妈也因工作忙有时不能正常下班。从一年级开始，艾同学的学习成绩就比较落后。他的汉语水平不是很高，认字量少，一直让我很头疼。数学课上，计算题他都可以算对，但是一到选择、填空、判断、解决问题，就失分严重，阅读理解能力比较弱，很多题都读不懂。上课一听不懂就开始玩，成绩自然更加不理想。

这时，我想到了“五个几工程”里的“每天和几个孩子说几句话、每天赏几个学生赞几句话、每天给几个孩子讲几道题”。他的父母比较忙，管他的时间少，我就应该担起老师的责任，尽自己的努力多帮助他。课堂上多关注他，发现他注意力不集中了立马提醒他，简单的题叫他回答，还叫他来读题提高汉语水平。艾同学的数学口算能力比较突出，我就对他说：“艾同学，你真是计算小能手，速度又快准确率又高，这是你的优势，一定要一直保持住！如果你能再多认识些字就更好了，这样会的知识就更多了，回家可以多读读你喜欢课外书。”他笑着说：“好！”有时我会把他带到办公室，一道题一道题地带着他读题分析理解，有时让能力强的学生做他的小老师教他识字读题。有时下课了，我会把他叫到身边问问今天的课听懂了没有，不会的可以随时到办公室问我。我还会翻看他的语文作业，夸奖他的字写得很好看，问新学的字有没有都认识，鼓励他语文也要像数学计算题一样，都要学得棒棒的。

艾同学虽然学习成绩不是很理想，但他情商高，有礼貌，不管什么时候在什么地方，只要看到我都会叫“琦琦老师好”。我在校门口站岗，看着学生放学，其他的学生都会说老师再见，他会对我说“琦琦老师，辛苦了”。每当听到这句不一样的话，我的内心都不由得暖暖的。每个学生都有他自己的闪光点，不是吗？

我们常把学生比作初升的太阳，那么学困生就是迟升的朝阳。比起其他学生，他们更需要老师细心的呵护、理解与尊重、循循善诱。要给学生说话的机会，尊重他们的人格，认真倾听他们说话。古人云：人之相交，贵在交心。老师要放下架子，利用一切可以利用的时间听听学生们的心声，了解他们的想法，注意他们的情感变化，让他们充分展示自己的内心世界，使他们真切地感受到老师的关爱。

看见·关注·亲近

——“五个儿工程”汇报交流

独山子区第七小学　胡晓荣

作为一名教师，我们每天不厌其烦、循循善诱，为学生传授知识，教给他们做人的道理。然而，我们又忽视了一些东西。你是否透过那一双双稚气的眼睛看到了他们内心的焦灼不安？你是否能用自己的爱心抚慰他们因生活变故而备受创伤的心灵？你是否能用自己的力量帮他们拨开蒙在心灵上的迷雾？班级中有许多“特殊孩子”，他们或自卑，或偏激，或压抑，他们需要特殊的关爱，然而我们又做了什么呢？

教育最重要的是看见学生，看见每一位不同的学生，看见每一位学生的需求、个性和潜能，并为之定制个性化的学习方案，实施“如其所是”的教育，即我们的教育要如其所是、如其所嗜、如其所时、如其所势、如其所适。

每天和几个学生说几句话，每天赏几个学生赞几句话，每天给几个学生讲几道题，每天析几种错题读几页书，每天留几分钟反思几件事，“五个儿工程”让我们从看见学生做起，走近学生，了解学生。

要了解学生，就必须拉近老师与学生之间的心的距离，让学生喜欢上你，而这需要爱的付出。每一个学生都渴望成为老师眼中的好学生，都希望老师关注他们。老师的一个期待的眼神可能会让学生兴奋好久，也许就会改变他的学习态度，在我的身边就有很多这样的孩子。

一、让我欢喜让我忧

这是耶同学，一位可爱的哈萨克族小男孩。说起他来，真是让我欢喜让我忧。他是一位爱哭的小男孩，清楚地记得刚上一年级的第一天下午，学生已经准备好要上课了，还有一个座位是空的，我赶紧确认信息并准备打电话给家长，这时听到楼道里传来一阵哭声，正是我们班的耶同学。原来，他觉得小学跟幼儿园一样，回家以后就可以玩了，不用再来了，在家玩得忘了时间，来晚了不愿进来。还有一次学校统一安排一年级学生体检，有一项需要抽血，他很害怕，怎么也不愿跟大家一起排队，还哭着闹着要回家，后来我们两个老师轮流安慰他，给他糖才勉强做完了体检……经过这样几次，耶同学爱哭已经成了我们班公开的秘密。

很快我就发现他不仅爱哭，还很爱偷懒，刚开始写作业时还比较认真，一个月后他就开始不好好写作业了，动不动就说忘写了，而且一批评就哭，白白的脸蛋稍微一哭就红红的。没办法，我只好趁课间和辅导时间把他叫到我跟前，温声细语地跟他讲道理，鼓励他补作业。我发现他反应很快，而且理解能力很强，就不断地表扬他，还经常在课堂上让他回答一些简单的问题，然后在全班面前表扬他，用这种方法激励他好好学习，养成良好的学习习惯。慢慢地，他的作业情况有所好转。但是，由于家庭监督不到位，他的作业时好时坏，尤其是到了三年级作业的质量更是无从保证。但只要我找他补作业或是改错，他从来都是笑呵呵的，偶尔撒个娇，都能认真地改正，我们的关系一直都很好，虽然他还是让我很头疼。

这学期开学，我因有事请假一周没能给学生上课，到学校的那天，他第一个冲到我跟前高兴地说："荣荣老师，你来了，我们都想你了……"几句话让我湿润了眼眶，为师者，听到这句话内心颇为满足！

二、分享你的快乐

"老师，这段时间达同学将乘法的内容都学会了。""老师，达同学乘法竖式做得可好了。"我抑制不住自己内心的喜悦，将这个好消息告诉班主任和同组的老师。达同学，一位个子小小的维吾尔族小男孩，外表看着挺老实，其实有点小调皮。母亲不懂汉语，根本没办法辅导孩子的学习；父亲又是典型的大男子主义，认为管孩子都是女人的事，从来不过问孩子的学习。就这样达同学成了我们班的老大难，作业做不完、胡写、乱写都是家常便饭。作为老师，我们只能抓紧他在校的时间来帮助他学习，可是由于他每一科都这样，辅导作业也需要配合他的时间。一来二去，落下的东西越来越多，补起来也越来越吃力，上课的状态也越来越差，如此恶性循环，真的让人很着急。

这一学期，开始学两位数乘两位数口算乘法时，因为内容比较简单，我就把回答问题的机会给了平时不怎么发言的学生，达同学也会积极地回答问题，而且回答得很好，我就借机好好表扬了他，这节课他听得比平时认真了很多。下课后我又单独把他叫到跟前好好夸奖了他。后面的几节课他听得更认真了，课堂作业也有很大进步，我又一次表扬了他；后面的笔算乘法部分，他也学得很起劲，我还经常给他上台表现的机会，如果做对了就给他所在的小组加分。看到他脸上洋溢着喜悦的笑容，我特别高兴；达同学也很高兴，那几天的作业也比平时完成得好很多，还主动到我跟前来问问题。我轻轻地摸着他的头说：“达同学，自己学会了，高兴吗？”他略带羞涩地点点头。借助这个契机，我又在周末小组小结的时候专门表扬了达同学，希望他能保持学习的信心，继续学习。

三、我的眼里有你

“对不起，老师，我中午一定补完作业！”看着小艾同学那肯定的眼神，我没好气地叹了口气，把空白的作业本给了她，并且告诉她，下午一到学校就要把作业本放到我的桌子上。已经记不清这是她第几次不完成作业了，但我依然对她充满了希望。

小艾同学是一位漂亮的维吾尔族小姑娘，很聪明，喜欢画画，很有自己的想法，喜欢独自一个人，不太愿意跟同学们交往，更不愿意主动跟老师交流，总是一副很自我的样子，上课也不愿意主动发言。刚开始上课，我就发现这个小女孩跟别的孩子不太一样，上课的时候她总喜欢玩东西，不管橡皮、铅笔、小纸屑都能玩得专心致志。如果你不打断她，她可以这样玩一节课。于是，我就在课下专门跟小艾同学讲：“你现在是小学生了，上课要认真听讲，不能再玩东西了，这样会影响听课效果的。”而且跟她约定好要是上课还玩东西，就没收掉。小艾同学还挺遵守诺言，上课比以前认真多了，还愿意主动回答问题了。那段时间我经常表扬她，她也非常高兴，整个人都很积极。但是，好景不长，一段时间之后，她故态萌发，作业也是隔一段时间就不完成。

于是我约她的家长来学校谈一谈。谈完后我才知道，她妈妈开店，生意很忙，根本没时间管她的学习；爸爸大男子主义，认为教育孩子是妈妈的事，根本不管孩子，所以写作业完全靠孩子自觉。怪不得她的作业时好时坏，识字量有限的她，好多问题还不是很理解，又怎能完全独立做好每一天的作业呢?

于是我做了一个决定：以后放学让小艾同学先在我这里把作业全写完再回家。我把我的想法和她妈妈说了，她妈妈立刻同意了。此后半个月小艾都会在我这儿把作业写完以后再回家，为了鼓励她好好写作业，我每天变着花样带一些小零食或小贴画作为奖励，她欢喜不已。那段时间，无论是听课、回答问题，还是与老师的交流，她都有了很大改变。

一天，我因为要开会而不能让小艾同学留下来写作业了，我检查了她记作业的本子并让她把要写的作业都说给我听听，小艾同学也向我保证一定不会漏写作业的。晚上回家我还有些不放心，就发了条信息问她的情况。不久，她妈妈的电话来了，在电话接通的那一刹那，我好担心小艾同学又不写作业跑出去玩了，但听到她妈妈的话，我长出了一口气。小艾妈妈告诉我小艾回家后就很认真地把作业都写完了，还主动拿出了课外辅导习题来做，直到吃晚饭都没有跑出去玩。

经过一学期的努力，小艾同学期末考试的数学考到了85.5分，当我把这个消息告诉她的时候，她开心地笑了，并很用心地做了一张小卡片送给我，上面写着：老师您辛苦了。看着这几个字，我的心里很暖很暖。

人们常说，教育是爱的事业，这种爱没有惊天动地的气魄，只有润物细无声的永恒。教育工作的核心是“爱”。师爱是温暖与鼓励，是尊重与信任，是理解与支持！师爱很小，小到一句话、一个动作、一个眼神！师爱很大，大到能把所有学生都装在心里！班级中需要我关心的学生还有很多，我会在有限的时间里去多和学生交流，用自己的方式消除师生之间的隔膜，让彼此的心靠得更近一些。每一个学生都是可爱的，虽然他们的学习成绩可能不那么令人满意，但也许他们是运动会上的冠军、劳动中的能手，会主动关爱他人，谁又能说他们不是好孩子？又有谁是完美的呢?

每天找学生简单地聊一会儿，不仅可以说学习上的事情，还可以说生活中的所见所闻。随着时间的流逝，我真正体会到老师最大的幸福就是成为学生喜欢的老师，在工作中不断进步，与学生共同发展，做他们的良师益友。

所谓“亲其师才能信其道”，正是因为“五个儿工程”，我更加了解学生，学生也更加亲近、信任我。我和学生的关系一天天在改善，相处也越来越和谐，学生越来越喜欢我，喜欢上我的课，上课时总能看到一只只小手高举，作业也写得认真多了。看到这些变化，我欣喜不已。

马卡连柯曾说过：“爱是无声的语言，也是最有效的催化剂。”老师对学生的爱，胜过千次万次的说教。关爱学生的同时，你也会享受爱的回报与乐趣，感受做老师的幸福。爱是成功教育的原动力，走进学生的心灵，学生才愿意与老师交流，老师才能拥有作为老师的这种幸福。

关爱学生，我们一直在路上

独山子区第七小学　张慧敏

我常想，当老师的最高境界是什么？那应该是做一名有幸福感的老师。老师从何处能获得幸福感呢？我想是：用心去做教育生活中每一件琐碎、细小的事，并把这些事做成、做好，将教育做到极致。“五个儿工程”不仅仅带来了老师的转变，更融洽了师生之间的关系，最终目的是要我们做幸福老师。

2015年9月，独山子区一年级开始实行民汉合班，我刚送走一届六年级学生，就接了第一批民汉合班的班级。开学没几天，我就记住了让我头疼的赛同学，学习一团糟，上课坐不住，写字像小虫子爬，计算靠扳手指头……在班里他个头大、力气大、嗓门大，总是欺负别的学生。开始我严厉地批评他，但他已经对批评“免疫”了。我决定换种方式解决问题，认真地分析赛同学这样的原因：第一，自己基础知识薄弱，没有自信。第二，缺乏周围人的关注及关爱，所以才惹是生非引起大家关注。想到张连勇老师推出的“五个儿工程”里提到“每天和几个学生说几句话，每天给几个学生讲几道题”，我及时进行实践。上课前，见到调皮的赛同学就问他：“老师看你身体这么结实，你平时最爱吃啥？”“老师，我最爱吃肉！”赛同学很兴奋地回答我。“也要多吃蔬菜哟，多吃蔬菜会让你长高个。”我温和地嘱咐他。赛同学眼里闪现惊奇的目光。他虽然个头大，却是一个十足的小病号，他有哮喘，还经常感冒，课间操时只要他不能外出跑操，我就在班里陪着他，我批改作业，而他有时补作业，如果遇到不会的题我俩一起分析；有时和我聊天，聊他的朋友、兴趣爱好……“赛同学，你能帮老师把这些作业发给同学们吗？”他很愉快地接受并出色地完成了任务。“赛同学，今天我们要讲退位减法，上课你认真听，下课后老师要单独考考你，怕不怕？”“我不怕！”赛同学自信地说。果真，课堂上他听得很认真，课下我出的题他会做我就好好表扬他，上课没听懂不会做的我俩再一起分析。这样一段时间后，赛同学在计算上有了很大进步，我倍感欣慰。所以，对于老师，严厉批评学生的同时要给予学生足够的关爱，如无声的春雨在不知不觉中滋润学生的心灵，让每个学生都茁壮成长。

我们学校第二课堂中有一门兴趣课是象棋课，学生对象棋的兴趣特别浓厚，特别是头脑灵活但学习上缺乏主动性的李同学。他经常利用课间十分钟与同桌一拼高低，有一天竟在我下午进班布置作业时偷偷和同桌下棋，气得我拍下照片并警告他再在课堂上偷着下棋就把照片发给家长。事后他没敢再犯，但是整个人萎靡不振。后来我想，怎样才能既发挥他下棋的优势，又让他找到自信主动学习呢？于是，我找到他说：“老师对象棋也略知一二，想不想和我下一局？”他的眼睛突然亮了，使劲地点点头。其他会下象棋的同学听说，也想和我下棋，我找到赛同学和他商量：“同学们都想和我下棋，可是我哪有这么多时间呢，你和同学们商量商量，看有没有解决这一问题的好办法。”很快他和他同桌找到我：“想参赛的同学先在小组内获胜才有资格进入决赛和老师比赛。”我欣然同意并决定活动由他和他同桌全权负责，但规定下棋的时间只能是放学后。李同学和他同桌积极性大增，并极其负责地组织比赛，最后以他获胜收场。这次活动增进了我和学生之间的感情，也拉近了我和学生的距离。多年的教学实践让我深深体会到在教育学生时，老师若能捕捉学生的亮点，并巧妙利用使学生树立自信，就能有效促使其学业进步。所以，我选择尊重学生的天性。事实证明我的选择是正确的，因为在这场比赛之后，我发现李同学自信了。在这之后的两个单元测试中，他的成绩有了不小的进步，我深感欣慰。所以，要多给学生一点笑脸，多给他们一点赞扬，多给他们一点肯定。特别是学困生，更要多给他们一些关爱和赏识，帮助他们树立信心。也许，一个信赖的眼神，一个鼓励的微笑，一个赏识的决定，就会带来巨大的效应。正如著名教育家马卡连科所说：“用放大镜看学生的优点，用缩小镜看学生的缺点。”

目前，我带的两个班，其中一个班的学生在我的课堂上总是安静无声，说确切点就是我上课时他们都不搭理我，我试图用高分贝声音引起他们关注，也没有太大效果。张老师在“五个儿工程”中提出“每天用几分钟反思几件事，每天赏几个学生赞几句话，每天和几个学生说几句话”，目的就是增进师生关系。和谐的师生关系是激发学生学习的积极性、主动性、创造性的原动力，不但能活跃课堂气氛，还能调动起学生的学习热情，有效提高学习效率。所以，课后我常反思怎样让学生跟我密切配合，怎么做可以获得学生的关注，使其对我所讲授的内容产生兴趣。除了教学设计要精彩，最重要的是走近学生，了解他们的想法。

接下来的日子里，我真诚地和学生交朋友，有机会就和学生聊天、做游戏。每天我会早几分钟到教室，利用课前时间参与到学生的游戏当中，大课间和学生一起玩游戏，像唠家常一般和他们聊聊日常小事，聊聊他们的烦恼和得意。发现有学生闷闷不乐时，我会积极地开导他、帮助他。真心才能打动真心，在师生之间需要架起一座情感交流的桥梁，只有老师和学生真情相交，教育才能充满温情，成长才能充满动力。

爱在心中，呵护梦想

克拉玛依市康城小学　刘露

上学期期末，我收到了陪读家长小雅妈妈的来信。转眼间，小雅已经转入我们班两年了，每个学期期末小雅妈妈都会给我们老师写一封信，说一说这个学期孩子的成长，今天我就来分享一下我和小雅的故事。

三年级时小雅转入了我们班，家长告知我孩子3岁那年不幸患上了脑膜炎，医生确诊孩子左脑功能受损严重，不能说出完整的句子，四肢协调性较差，没有自理能力，甚至偶尔会控制不住自己流口水。当时我作为一名从教刚满两年的青年教师，听到这种情况非常焦虑，对孩子在以后的校园学习生活中可能会发生的状况充满了担忧。还好班主任朱老师给我支了招，我们一起帮助小雅尽快融入“北极星之家”这个大家庭。

保护特殊儿童，并不是将他们和其他孩子区别对待，而是让他们感觉到自己并没有和别的孩子不同。对于小雅，我和朱老师一致认为，不应该对她太过特殊，而应在她身体允许的范围内，给她安排和其他学生一样的校园生活。小雅妈妈也赞同我们的观点，尽管孩子四肢协调性较差，走路容易摔倒，但是每天课间时，家长和老师都会陪伴她积极参加班级集体活动，如扫地、摆桌子、做广播体操、做游戏等，小雅基本上都能出席。其他同学也慢慢接纳了这位新同学，明白小雅和他们并没有什么不同，她只是生病了，需要我们的关心和帮助，但是她和大家可以在同一间教室学习，在同一个操场上玩耍。渐渐地，小雅在我们班级中找到了归属感和安全感。

关于学习，小雅的学习能力很差，特别是数学，刚转来时她只能读、写10以内的数字，三年级数学的内容完全听不懂。我只能让她在课堂上自己练练数字的书写，等到下课时我再为她批改。平时我也只能给孩子妈妈讲一讲后面的知识如何学习，回家后再由家长一点点给孩子讲授。每周小雅妈妈都会和我交流孩子的数学学习情况，我也会根据孩子的进度给出一些学习建议。慢慢地，小雅课上练习数字书写的字帖，换成了口算题卡。为了鼓励小雅，每天上课时我都会走到她跟前，摸摸她的头告诉她："今天你的任务就是完成这一页口算题，老师相信你能做到，加油！"周五时，我还会对她这一周的上课情况进行总结，任务完成得好就奖励她一根棒棒糖，鼓励她下周继续加油。小雅慢慢地认识了20以内的数，会计算10以内数的加减法，现在又开始慢慢学习20以内的进位加法，虽然学习进度缓慢，但是她一直在进步。

雅斯贝尔斯曾说："教育就是一棵树摇动另一棵树，一朵云推动另一朵云，一个灵魂唤醒另一个灵魂。"我深以为然。每个孩子都是天使，都一样可爱、善良，鼓励表现好的孩子，帮助能力弱的孩子，是老师的职责。作为一名青年教师，我很幸运遇见许许多多无私奉献的教育先行者，为我们诠释了"学高为师，身正为范"的精髓，让我懂得了作为老师，我们会获得他人的尊重、理解、信任，更要用真心、爱心、责任心来回报这份情谊。

用爱擦亮每一颗星星

——情系“五个几工程”，我讲我的教育故事

克拉玛依市第八小学　柳旭

一、初心、期望与困惑

时间飞逝，这是我踏上教育岗位的第二年，回想起刚毕业的我，不断思考自己要如何成为一名好老师，那种跃跃欲试的心情直到现在都无法忘记。因此，我带着对未来的憧憬，带着对教育事业的热爱，带着对三尺讲台的向往，踏入了教育行业。当时我在心里默默许愿：希望有一天能成为学生们爱戴的老师，不仅教给他们知识，还能正确引领他们的兴趣、志向……

可是，当这一天真的来临，现实与理想之间的落差让我有些手足无措。即便我依然没有踏出熟悉的校园，但当我的角色从学生转换为老师，这里的一切却是那么陌生和新鲜！

2019年秋天，我正式接手了一群一年级的小豆包。第一次走进课堂，我站在讲台上，一个个小家伙睁着灵动的大眼睛坐在我的面前，作为一名老师的使命感油然而生！可是，仅仅一周的时间便把我从“象牙塔”里拽了出来，他们不再是书本里的那副乖巧样，也不是书本里那样张扬跋扈，每个孩子都有着独一无二的个性，有的是爱哭包，有的上课看似认真可是家庭作业一塌糊涂，还有的前一秒调皮捣蛋后一秒立刻撒娇委屈求原谅，让你不忍心批评他们。他们状况百出，着实让我抓耳挠腮。我时常想，如何能让他们不调皮捣蛋？如何能让他们专心听讲，不做小动作？如何能让他们认真完成作业，不敢乱写、不交等？这些问题深深地困扰着我。

二、成长与感悟

俗话说得好“病急乱投医”，面对这些问题与困惑，我突然想起大学实习的时候有位老教师和我说：“绝对不能对这些孩子太温柔，必须要凶一点，他们怕你了，后面就好办了！”于是我立刻将这句话付诸行动，果不其然，在短时间内很有效果，调皮捣蛋的人变少了，课堂纪律也有所好转。正当我暗自窃喜时，却发现学生好像在一点点与我疏远，不再愿意下课后围到我身边向我吐露他们小脑袋里的“十万个为什么”，也不再愿意与我分享他们的小快乐。

我既懊恼又迷茫，于是开始向有经验的老师请教如何管理班级。经过一个学期的努力，我在课堂教学和学生管理上渐渐有了改善，和学生也一点点地建立了信任。这些进步都离不开“五个儿工程”的记录，我将自己与学生的互动交流记录下来，将自己的反思记录下来，将自己的读书思考记录下来。记录这些素材，不仅可以使我看到自己与学生的成长，更对我的教育教学工作有很大的帮助。

第一次关注到小艾是在第一单元测试以后，在此之前她总是安静地坐在教室的角落里，我很少注意到她。她的成绩非常不理想，我开始着急，多次利用空余时间辅导她。记得最清楚的一次是在放学后的六点半课堂，辅导的内容是“十位上的1表示1个十，1个十也就是10个1”，学会的学生陆续离开，最后只剩她一个，我便把她叫到身旁，急性子的我压着心中的怒火，又借助学具、图画从头到尾给她仔细地讲解了一番，心想这下你总该会了吧。一做题，还是不会！此时我心里的火苗不断冒出：“怎么能还不会呢？上课讲，下课讲，你到底有没有在听？你有没有在努力学，努力记住？”炮弹般的追问对她来说无疑是可怕的，豆大的泪珠从眼眶滑出。自那以后，每次再叫她来办公室，她总是站在远远的地方听我说话，不敢靠近。

因此，很长一段时间我都在思考到底用怎样的方法才能更好地帮助她，我想最好的办法就是“慢”下来，在某一天放学后我把她叫到一间空教室，抱了抱她，并向她道歉那天是老师的情绪有些激动，你能原谅吗？她轻轻地点头，“嗯”了一声！我们肩并肩坐着，我告诉她：“从今天起学不会也没关系，我们慢慢来，今天不会我们明天再学或者后天再学，相信总有一天通过咱们共同的努力一定能学会的。只要今天的你比昨天进步一点点，我们就一起庆祝，好吗？你愿意和我一起努力吗？”她依然轻声地“嗯”，但是点着的头确实更加有力量了。我还是会经常辅导她，但与之前有所不同，学不会的时候我们就停下来，做个游戏，聊聊天。当然，在此过程中我也会不断反思自己怎样讲可以让她更容易接受这个知识。做得好的时候，我就使劲表扬她、奖励她。从一开始的一分钟5道计算，到一分钟二三十道，直到前些天她悄悄跑来告诉我：“老师，现在的乘法计算真简单，我一分钟能做对80道。”我摸了摸她的头，竖起了大拇指！

谢谢你，孩子，你的大度与包容，让我深深地明白了教育的一个重要特征就是“慢”，我们不可为一时的成功狂喜；教育也不是比赛，我们不需要去“战胜”谁。欲速则不达，真正的教育就是要放慢脚步，静待“花开”。

小林，脑袋圆圆的，总是喜欢大笑。这是一个喜欢搞怪的小男孩，成绩还算不错。但这个小家伙行为习惯比较随意，无论是和人说话，还是在课堂上回答问题，要么手舞足蹈，要么发言的时候用特别的腔调。他手上永远都拿着能让他着迷的小玩意。这些习惯不仅影响课堂常规，还在一定程度上影响他听课的效果。为了彻底改变他的这些不良习惯，我也采取了一些措施，例如双手抱臂放桌上坐几分钟，或是多给他些练习，让他有事可做。可是这样的做法治标不治本，只要一不注意他就又恢复了原样。有些人会说：“只要学习不差就行啦，其他的睁一只眼闭一只眼好了。”乍一听好像有点道理，他的学习确实没怎么让我操过心。可是当一天的教学结束了，坐在电脑前记录当天的反思，我不禁问自己，真的是这样吗？有很多像小林这样的小男孩，他们有着聪明的小脑袋和活跃的思维，但如果作为老师的我们放手不管，不能及时给予合适的引导和约束，很有可能会让他们失去成为更好的自己的机会。所以，我下定决心，必须帮他改变这些坏习惯。

第二天，我与他进行了一次促膝长谈，问他：你为什么总是在手舞足蹈，用一些与众不同的声音说话呢？又为什么总是喜欢没事就去“挑逗”一下你旁边的同学呢？小林的回答让我至今都记忆犹新：“因为我开心啊，我喜欢这样。”我想这是他真实的模样。我对他说：“在课堂中除了我们自己，还有许许多多的同学和我们在同一个环境下学习，你表达快乐的方式，不一定是所有同学都喜欢的。我们在展示自己的想法时，是不是也应该考虑一下其他同学的感受呢？”他默默地点了点头，接着小声说道：“可是有时候我好像有点管不住自己。”我笑出了声，摸着他的小圆脑袋说道：“你看，不是有我来帮助你嘛！”我们约定每天他都要让自己努力多听会儿课，在他发言的时候如果有同学开始送上“热情”的笑声，他就要注意喽！

在接下来一周的课堂上，我明显地感受到了他的变化，但我知道这种状态只是暂时的。于是，在周五晚上，我们又达成了新的约定：“当你开始忍不住做小动作时，老师不会点你的名字，但如果老师走过去摸摸你的脑袋，如果老师用眼神提醒你时，如果我停止讲课，那都是在对你发出提醒哦！你要及时接收，好吗？”慢慢地我看到了他的变化，记得某一天的午读，同学们都在安静地做着口算题卡，我有点吃惊：“大家今天怎么这么乖呢？”同学们纷纷说道：“是小林提醒我们老师来之前要拿出口算题卡往后做。”小林腼腆地笑着！

黑柳彻子曾在《窗边的小豆豆》一书中提到：“教育从来不是只注重知识的习得，更注重的是学生人格的培养和美好天性的激发，让他们在生活中能找准自己的位置，并且快乐地活着。”希望自己能成为发掘学生美好天性的良师，也希望我的学生都能快乐地长成属于自己的模样。

三、拾取感动，用心陪伴

回看近两年走过的路，除了这些独特的经历，我也惊喜地发现沿途留下了很多温暖与感动。记得2019年冬天，因为流感严重，很长一段时间我都在用沙哑的嗓子上课。某一天早晨，我一来到办公桌前便看到一盒润喉糖，旁边放着一张小卡片，用他们新学的拼音歪歪斜斜地写着：柳老师，注意身体。走进班里，没等我开口，我的数学课代表就喊道：大家小点声，老师嗓子不舒服。班里瞬间安静下来。这让初为人师的我，体会到了作为老师的幸福！这样的感动瞬间还有许多，相信只有亲身经历过的人才懂得它的珍贵。

教育是“心灵感应心灵”的过程，我会带着这份爱，时刻督促自己常反思、多学习，不断成长，陪伴他们快乐成长！

感谢在这样的年纪遇到这群可爱的学生，你们的出现让我真正意识到作为一名老师必须打心眼里敬畏教育、尊重教育！也愿我能陪着你们，朝着阳光前进……

用爱和赏识唤醒心灵

克拉玛依市第七小学　何丹阳

爱是教育的前提，爱心是成为一位好教师最基本的条件。教师的爱是滴滴甘露，能让枯萎的心灵苏醒；教师的爱是融融春风，能让心灵上的坚冰消融。教师对学生的爱，拥有强大的教育力量，能改变一个学生。

下面，我用两个小故事来和大家分享我在教学上的感悟。

第一位是祝同学。一年级刚开学的时候，大部分小朋友很快就适应了新环境，结交了新朋友，但我注意到祝同学经常一个人，也不爱说话，目光呆滞。

在某节课上，我让学生以小组开火车的形式回答问题。轮到他时，他却迟迟没有站起来，我喊了他两次，他才胆怯又缓慢地站起来，但依然不说话。这时，其他学生开始七嘴八舌地说：“老师，他不敢说话。”“老师，他连自己的名字都不敢说。”……或许是当时太紧张了，也可能是他感觉自己当众出丑了，就“哇”的一声哭了起来。我见状赶紧让他先坐下。

我又留心观察，发现他下课以后也不跟别的小朋友交流，经常一个人趴在课桌上发呆或啃手指。看到这个孩子，我想起了上学时期的自己。有一段时间，我也不怎么与老师和同学交流，一周和同桌说几句话都能数出来。后来，班里一位活泼的小女孩经常主动和我交流，带我一起玩，我才慢慢变得开朗了。我想了想，他呈现这种状态应该是他与老师、同学之间存在心理隔阂，畏惧与老师、同学交流。结合自己当时的经历进行反复思考后，我认为这样的他需要别人热情主动地与他接近和交流。

于是，我开始经常找他聊天，问问他家里的情况，还告诉他手上有很多细菌，要改掉啃手指的习惯。想到小朋友最爱帮老师做一些小事，这样会让他们很有成就感，于是我经常让他帮我收作业本、抱作业，课前让他帮我擦黑板，每次还会跟他说谢谢，或者贴一朵小红花。

渐渐地，他跟我熟悉了，开始主动找我交流了，会在下课后跟我说“老师辛苦了”，上课前说“老师我来擦黑板”，在走廊里碰到我会主动跟我说“老师好”。最让我开心的是，有一天上课他竟然举起了小手要回答问题。当时的他看上去还是有点勇气不足，不敢举高，但是我看到后立马叫他起来回答问题。那是一个比较简单的问题，他回答得很好。我赶紧抓住机会表扬他，并且夸奖了他第一次举手回答问题，有很大进步，还给他贴了一朵小红花作为奖励。他有点害羞地低下了头。从此以后，数学课上他经常举手回答问题，并且声音也慢慢变大了。看到他的转变，我更加确信，教师这个职业不能没有爱。我们心中有爱，才会去关注学生、了解学生，主动与学生沟通，从而帮助学生解决问题。

第二个是李同学，一个非常爱动的小男孩，个头小小的。刚进入一年级时，老师说过的课堂纪律他只能遵守几秒钟。上课时经常坐不住，时不时就把身子扭到别的方向了，有时还会忽然唱歌，手里玩铅笔、橡皮或直尺，课堂上不认真听课，课堂作业也不怎么写。总之，无论老师怎么说，他就是坐不住。

有一次，有老师来听课，他玩东西影响其他同学听课，我当时很生气。下午进班讲练习的时候，他又扭到旁边叫旁边的同学看他玩直尺。我叫他的名字提醒他，并且狠狠地瞪了他一眼。结果一道题没讲完，我发现他又在玩直尺了。我直接冲过去从他手中夺走了直尺，放在了讲台上。可我一转身，他竟然自己跑到讲台上拿走了直尺！我忍无可忍，三步并作两步走到他跟前，一把夺过直尺，折断，然后重重地摔在了地上，并且冲着他大喊：“不知道在上课吗？谁允许你上去拿回来的？”全班学生都被我给吓住了，包括李同学。

下课以后，我的气慢慢消了，脑子里又忽然闪现出李同学眼睛里含着泪既害怕又委屈地望着我的画面，忽然有些心疼——孩子在家里被这样批评过吗？我想起了他妈妈叫他小名“帅宝”，应该没有像我这样批评过孩子吧。每次在门口站岗的时候看到家长接孩子的情景，我都深深感受到每个孩子都是全家人手心里的宝，至少不会轻易像我这样批评孩子，怪不得孩子被吓坏了。又仔细想想，刚入学的孩子多半是根本不懂得或者说了也不记得上课的那些规矩的，所以才做了违反课堂纪律的事情。这个时候就需要老师耐心地引导和强调了。

这也让我想起一句话：“我们要孩子们有良好行为表现的最终目的，是让他们相信这么做是对的，而不是因为害怕惩罚才去做。”然而，我却因为孩子违反课堂纪律而生气发火，还想借此警示其他孩子。想到这里，我心里充满了歉意，为跟一个如此小的孩子计较并对他发火而感到后悔。

正是由于这种歉意，我开始给予李同学更多的关注，会多跟他说几句话，还找机会表扬他，希望他能尽快忘掉我对他发火那件事，不要因为那件事与我产生什么隔阂。他被夸了以后表现得越来越好。发现夸他有用以后，我就开始找他的闪光点，课堂上挑一些简单的问题让他回答，然后表扬他。他变得更积极了，上课时遵守纪律的时间变长了，也开始认真做作业了。我还发现他其实很擅长数学，脑子很灵光，做题速度很快，准确率也挺高，还在期末数学考试中考出了优秀的成绩。

从责骂到赏识，从赏识到改变，这充分说明赏识在教育中的重要性。曾有哲人说过：“训斥只会压抑心灵，仅有欣赏、激励才能开发人的潜能。”作为教师，我们应充分利用赏识来调动学生学习的积极性，帮助他们树立自信心。虽然李同学现在仍然不能坚持一节课遵守纪律，但可以看到他在很明显地发生变化，以后我会继续帮助他改进的。

这两个学生的故事让我明白，爱是一种无声的教育，给学生一点爱，学生会还你双倍的努力。在老师的爱和赏识的感召下，学生就会相信老师、亲近老师，并会努力学好这个老师所教的科目。教育中耐心的引导胜过严厉的批评，老师一个赏识的眼神，一句鼓励的话语，就能缩短师生之间的心灵距离。

对于眼前充满好奇和天真的学生，我们要努力让他们的心中都充满阳光，让他们沐浴在爱与赏识的氛围中健康快乐地成长。

教育是有关温柔与爱的坚持

克拉玛依市第七小学　任晓燕

从教二十载，从当年一脸稚气、满腹憧憬，到如今不深不浅的鱼尾纹爬上眼角，我最美好的青春年华都献给了三尺讲台，献给了我挚爱的学生。

因为学校的工作安排，原本要接新一年级的我临危受命接了四年级，半途接班有许多意想不到的问题和困难，也正是因为这些不可控的因素让我和新接班级发生了很多奇妙的化学反应，才有了以下的故事。

一、信任

信任是沉甸甸的责任，信任是无穷尽的力量，信任是满满当当的幸福。

那天第三节课是美术课，学生都在班级门口排队上四楼美术教室，正在整理课本的我看见小热同学还坐在座位上，于是督促他快点去站队。他却突然大哭起来说爸爸和妈妈要离婚，这突如其来的状况让我措手不及，于是我抱住他颤抖的身体，安抚他。孩子愿意把家里私事向我倾诉，寻求我的安慰与帮助，这是一份多么难得的信任呀！看着可怜的孩子，我心疼地问：“妈妈爸爸为什么要离婚呀？”

孩子哽咽着回答：“我不知道，我正在房间写作业，就听到他们吵起来了，后来妈妈就摔门离开了……”我认真地听他倾诉，心里立刻开始担忧，担忧孩子的父母真的会离婚，担忧孩子会难过。我轻轻抚摸着孩子的头问：“需要老师帮你什么呢？”孩子两眼泪汪汪地摇摇头说：“不知道。”我拉着孩子的手，很心疼：“大人之间的事情他们会好好处理的，你只要做好自己的事情，好好学习，爸爸妈妈不管怎样都会爱自己的孩子，他们不会不管你的。”

在我温柔关切的目光里，孩子悠悠地说着……他长得瘦小，声音细弱，敏感细腻。很难想象，他幼小的心灵承受着怎样的伤害与煎熬。于是，我在平常的学习中给予他更多的关注，对他讲话也总是轻声细语，生怕他再次受到伤害；碰到重难点知识也总是先问问他会不会；他有一点进步，我就会去夸他。我想在学校给予他更多的关心来弥补他在家庭当中受到的影响，让他意识到他的身边还有更多的爱，我想让他阳光，想让他快乐，想让他健康成长！

学生的信任让我深感荣幸，让我欣慰，让我感到为师者责任之重大，也让我在教育之路上的前行动力更足。

二、从“吓唬”到“赏识”

没有人想被指责、被忽视，也没有人不喜欢被表扬、被赏识，学生也需要成就感和归属感。多蹲下来听学生说话，看到的将是一个纯真无瑕的世界！就如同张连勇老师提出的“五个儿工程”中每天赏几个学生赞几句话。

四班的艾同学，开学第一课表现特别积极，加上身形高高胖胖的，我很快记住了他的名字，第一印象这是个机灵孩子。但是，在第二节课他就出现了扎橡皮、转尺子、钻桌子下面等问题，在一次又一次提醒后，他的表现越来越差！我在心里默默记下了这位同学，有可能是个“硬骨头”。

迎来了新学期的第一节托管课，这也是学生暴露自己数学学习水平的时候，平时课堂上还能不懂装懂、滥竽充数，写作业就是真刀真枪。果不其然，艾同学写得慢，正确率又低。

开学第一个月是关键时期，尤其是第一周，我当然不能放松，第一招——吓唬，明确告诉艾同学作业写得不行，自己抽时间补起来，要不然周五放学时留下。只有口头威胁没用，必须得有行动。临近周五放学，我走进教室再次告知，作业交了才可以离校，由于临时有事情，交代完我便去忙了。结果周一作业依然没交，第一次收作业都这么难，以后只会更难，心中的怒火又加了一把柴。

第一招“吓唬”无济于事，我又使出第二招——“赏识”。我开始仔细观察艾同学，在给其他同学鼓掌、发奖励贴时，他似乎也有心动，这就是突破口。于是我说：“什么时候能给艾同学鼓掌呢？老师很期待，期待他坐姿端正，期待他开口读书，期待他认真学习。”可能就是这么一句话，在他的心里慢慢发芽。几天后不经意的一个回头，我看到艾同学在记笔记，我立马说："请同学们看艾同学，他在做什么？对，他在认真记笔记，这是新学期以来我们班的最美时刻，因为他也认真地投入到了学习中。"话音刚落，学生便自觉地鼓起了掌。虽然几秒钟的掌声很短，但对他内心的影响很大。我又加了一句："这一刻，老师也是开心的，因为你让老师感受到全班42个人的关注，因为你让老师感受到你们的喜欢，希望每天都有这样的高光时刻，好吗？""好！"我得到了全班响亮的回应，这时我的心中满怀期待。

很惊喜，艾同学的行为在一点点变好，每当看到他有一点进步，我都会积极给予回应，慢慢地在他的脸上看到了久违的自信。又到了托管课写作业的时候，任务布置好后我开始巡视，表扬坐姿端正、书写美观、写得又快又好的学生，教室里静悄悄的，只有"沙沙"的写字声，但能感受到学生在暗暗较劲，似乎在说看谁能被表扬。这时，艾同学突然举手跟我说："老师，你看我的计算对吗？"我有点诧异，认真给予评价和改正建议。整节课他没有了以往的小动作，作业也按时保质完成了。"吓唬"做不到的，"赏识"做到了。

有时学生在走廊上碰到我，会说："老师，下节课是你的课。"我轻轻点头。感受到学生的期待，我很开心。学生需要我们慢慢去发现他们的优点，不妨脚步慢一点。学生就像天上的星星，有的闪闪亮亮，一眼都能被发现，有的微小暗淡不起眼，但是多一些耐心，多一些爱心，公平、真诚地对待每一个学生，云雾过后，每一颗星星都是闪亮的。

我是一位妈妈，更是一名老师，希望我的爱温暖着家里的孩子，也温暖着班级里的孩子。奋斗和付出的日子是辛苦的，但更是快乐和充实的。许多东西都将随风而去，但情感的力量一如那花开的瞬间，终将在记忆中永恒。

爱心无涯，美好常在

——我的教育故事分享

克拉玛依市第七小学　徐婷

孩子们如初升的旭日，每天和他们在一起，我也总是充满阳光和活力。在17年的教学生涯里，我努力给孩子们留下成长路上的甜蜜回忆，也给自己存下满满财富。不同的成长环境造就了孩子们不一样的起点，而我能做的是在与他们相遇的短暂几年里，尽自己最大的努力帮助他们走好这一段生命旅程，给孩子们点亮一盏前行路上的明灯。爱心无涯，美好常在。爱是给予，也是得到。

刚开始工作时，我还只是一个初出茅庐的新老师。一天下午我在班里上自习课，班主任轻轻推开门，背后还藏着一个熟悉的面孔，露出了怯生生的两只眼睛，小脸蛋永远像没有洗干净一样，衣服还是每天穿的那一套。“不是转学了吗，怎么又回来了啊？这可是个小麻烦，成绩这么差，上课也不听话。”班主任悄悄跟我说：“杨同学很可怜，父母离异了，小小年纪爸妈也不管他，现在只有爷爷照顾他，徐老师你多担待吧。”我心里一紧，同情但也很无奈，我可是个刚上班不久的老师啊，我能有什么办法呢？上课时他总是呆呆地看着黑板，无精打采地将脑袋耷拉在课桌上。

经过一周的观察，我发现他完全不在状态。一天早读，他照例不背书，我抽问了他前一堂课学习的新概念，这次他站起来不再像以前那样不说话，而是捂着肚子说：“老师，我肚子疼。”我心想，不会就不会，还要装肚子疼。我很生气，让他到我的办公室去反思。过了一会儿，我有些不放心，就去办公室看了看，发现他仍然无精打采，便走过去问：“你怎么了？”他抬头看看我，还是一副怯生生的样子，说：“老师，我肚子饿，饿得疼。”说完眼泪就流了下来。原来，昨晚他爷爷忙，没顾上给他做饭，今天早晨起来以后，爷爷也忘了给他做早饭，他就饿着肚子来了学校。一个正在长身体的孩子，连着两顿饭都没吃，能不饿吗？我心疼地拍拍他的肩膀，心里说不出的难过，赶忙说：“你等我一会儿。”我一路小跑，当我把稀饭、包子放到他的面前时，他的眼泪又掉下来了，呆呆地坐在那里。我示意他快吃，他就拿起包子大口咬了起来。中午放学，他找到我说：“徐老师，我想和你好好学数学，可是我前面的知识很多都不会，老师都不喜欢差生，对吗？”听完他的话，我想起他刚来时我对他的态度，真是又羞愧又后悔。

我笑了笑，拍拍他说：“孩子，你不是差生，只是在学习上出现了一些问题，只要你坚持改正，数学学习对你来说就很easy。”接下来发生的事情，让我对他真是刮目相看。每天只要一有时间，他就主动把作业拿过来让我批改。如果有错，他也会主动问我。就这样我们从写数字、写数学符号开始，慢慢地，他的字写得好了，正确率也上来了，心不再像以前那样封闭。他特别盼望单元考试，因为数学成绩明显上升，他在班里的好朋友也多了起来。怯生生的他又变回了一年前校园里初见时那个阳光的小男孩。我没有想到，一次无意的关怀成了一个教育的契机。以真心换真心，才能走进孩子们的心灵，作为老师，我们只有学会陪伴，学会呵护，学会爱，才能在教育的路上走得更愉快，教学生活也才能更幸福。

这些年我一直在践行着这样的教育理念。将爱心倾注在孩子们身上，但是每一次我都发现，我给予孩子们的永远没有他们回报给我的多。

在我们的意识中，孩子都是天真烂漫、无忧无虑的，但慢慢地走进他们的“心中”之后，就会感受到他们在学校之外的“压力”与不为大家知道的苦楚，就像我的小伙伴艾同学。艾同学的家庭有点特殊，她有一个特殊的哥哥，18岁，个子很高大，却患有严重的孤独症，行为举止都与常人有异。哥哥晚上经常不睡觉，在家里走来走去。她看到哥哥这个样子很害怕，晚上总是睡不着。在班里她不说话，也没有朋友。同学们都嘲笑她说，她和她哥哥一样，和别人都不一样。每次听到别人这样评价，她就更沉默了。当听说我要帮助她学习时，她一脸诧异，我想她也一直认为老师不会喜欢她，老师也会觉得她不一样吧。其实，到她家家访，一开始我内心也有些忐忑。可去了之后，我才更加坚定了自己要好好爱护她的决心。

记得有一天艾同学的爸爸住院，妈妈要去医院陪护，没有时间照看她，我得知此事后决定去她家陪她。那晚我给艾同学辅导完所有功课后已经是晚上11点多了，我俩洗漱完躺到床上，周围静悄悄的，我们有一句没一句地聊着，大约12点半我突然听到房间里有脚步声。我有些紧张，虽然知道这是艾同学的哥哥，但还是不免有些不安。这时，我感觉到艾同学紧紧地向我靠了过来，温暖的小手拉着我。她说：“老师，你靠着我就不害怕了，一会儿你就能睡着了。”一个这么幼小的孩子，本以为她靠过来是寻求我做依靠，未承想她是来给我做依靠的。我轻轻地搂着她说：“哥哥走路还挺有节奏的，拍着节奏哄我们入睡，咱们快快睡吧。”那天晚上，我和艾同学都战胜了自己的心理障碍，相互依靠，睡得很香。从教多年来，从教室走入家庭，家访次数不算少，但是以这种方式进行家访，着实让我感受到了情之所至、学之所至。爱是给予，也是得到，给予孩子们爱的同时，我收获的不仅仅是他们的学习成绩，还有那一颗颗纯真善良的心。能得到这么多孩子的爱，是我们荣幸。

教育是什么？是培养人，是塑造人的灵魂。一个能够感受到爱并能够给予爱的孩子，在今后的人生道路上也一定能成长为爱祖国、爱人民、爱家人的人才。彼岸风光虽好，脚下却非坦途，我愿当好引路人，陪伴每一个孩子走向成功！

师爱的伟大

——“五个儿工程”随想

克拉玛依市第三小学　曹会英

我曾带过一个男同学小明。他是家里的宝贝，但是家庭条件不是很好，母亲在菜市场卖菜，父亲酗酒不顾家，父母经常因此吵架，家庭关系紧张。小明是一个十分敏感且缺乏自信的孩子，自尊心极强。但是他调皮好动，性格比较外向，虽然喜欢与同学交往，但对同学很不友好，而且平时个人卫生习惯比较差，学习成绩又不好，许多同学都不太喜欢和他一起玩，是班里最令我头痛的孩子。由于我是第一次当班主任，对于这种孩子没有任何教育经验，软硬兼施过几次后，他仍旧没有任何起色。想起张连勇老师提出的“五个儿工程”，经过反思我决定先了解他，然后对症下药。在和他妈妈沟通过几次后，我了解到一些他在家的情况。

事例一：有一次父母带他去别人家做客，回到家后母亲发现他口袋里装着那家人的一件小装饰品，母亲问他为什么要拿这个东西，他回答说觉得好看就装回来了，母亲想反正也不是值钱东西就没当回事儿。

事例二：有一天早上，小明的妈妈急着摆摊，但找不到手表，她问孩子们见了没，都说没见。可她清楚地记得把表摘了放在桌上，她觉得表是小明拿的。可任凭妈妈怎么问，小明就是说没拿。最后妈妈在他脖子上挂钥匙的绳子上找到了手表。由于赶时间，妈妈在他屁股上轻轻拍了几巴掌就急急忙忙出去了。

事例三：上一年级了，他经常在放学的路上看到没人就把路边的自行车车胎扎破，有一次在自家小区扎，被熟人发现告诉了他父母。父母和人家解释孩子小贪玩，主动帮人家修好了自行车，但此事并没有引起家长更多的重视。

事例四：一年级第二学期，班里经常丢橡皮、铅笔之类的小东西。有一天同学新买的一套高级水彩笔找不到了，我决定查一查。可毕竟孩子还小，我也不想伤害孩子的自尊心，就说：“不打招呼就拿别人的东西是不对的，谁拿的今天放学之前抽空交给我，老师会替他保守这个秘密的。如果不还，放学谁也别走，我们就好好查查，到时全班学生都知道了，看你怎么办。”不知是意识到了错误还是被吓着了，放学前小明拿着水彩笔来到我的办公室。我问他为什么要拿别人的东西，他说因为他一直也想要一套水彩笔。我说，你可以问家长要呀。他说，要了好几次父母都不给买。

经过一段时间的调查了解和思考后，我认为小明这样是有原因的。

其一，家庭教育缺失。父母平时很少过问孩子的学习情况，对孩子缺少关心与心灵的沟通。有时孩子一整天在外面玩，父母也无暇去找他。父母教育观念不一致，常常会把教育孩子的分歧在孩子面前毫无顾忌地表现出来。孩子想要一件父母没有能力满足的东西时，不正面和孩子说明原因，而是踢皮球式地说：你妈有钱去问你妈要，你爸有钱去问你爸要。当孩子犯错时，父母不能正确客观地分析原因，而无端地把矛盾指向别人袒护孩子。妈妈多次发现其存在小偷小摸的行为，但没能及时抓住教育的最佳时机，导致他不知道随便拿别人东西是错误的，并且同样的错误犯了多次还意识不到错误。

其二，学校教育不到位。他不能友好地和同学相处，许多同学都不喜欢他，所以他在班里几乎没有朋友。老师与他也缺少及时的沟通，令他感受不到集体的温暖，强烈的自尊心转而变成日益增强的自卑心理。

经过分析，我认为小明变成这样和家长、老师有直接关系，于是我从两方面入手。

1. 家校结合关心他

我多次与家长谈话，对小明的父母及家庭进行深入的了解，知道他妈妈望子成龙，对儿子寄予非常大的期望，但教育方法简单粗暴，有时对他过于袒护。我也与他的父母讲了孩子在校的情况，之后与他们商量行之有效的教育方法共同施教：平时多关心他，帮助他搞好个人卫生；多与他交流，了解孩子的学习情况，及时进行正确的引导；对孩子的错误，父母首先要统一教育观念，客观公正地对待处理，不能袒护，更不能恐吓孩子；为孩子“营造”温馨民主的家庭气氛。

2. 用集体的爱温暖他

一方面，我注意到他上课积极举手回答问题等优点，及时给予表扬，鼓励他。课余时间常常与他交谈，让他释放自己的情感，同时让他认识到要让同学接受他、喜欢他，就要友好地对待同学。鼓励他积极参加集体活动，感受同学间真诚的友谊，学会以礼待人，懂得在一个大集体中难免有矛盾，要学会善待每一个人。并且告诉他，老师和同学都相信他不会再犯同样的错误了。另一方面，利用班集体的温暖感化他。调换座位，让他与品学兼优的同学坐在一起，让同桌的言行潜移默化地影响他。发挥小干部的作用，让小干部主动与他做朋友，放学一起走，使他真正感受到同学的爱和集体的温暖。

经过一段时间的家校配合，小明发生了很大变化。有一次下课，小明塞给我一张纸条，上面画着一个小孩和一个老师，旁边还有一束花，写着“谢谢”。此外，他还经常跑来问我：“老师，有什么事我可以帮你做吗？”交给他的工作他都做得非常认真，再也没听说他拿别人东西，考试成绩也一次比一次高。还有一次去市场买菜，离得老远他妈妈就提了一大兜新鲜的水果跑过来，说他们也没什么值钱的东西，为了表示谢意，非让我把这兜水果拿上。因为最近孩子转变了很多，回到家不用父母督促就能自觉地完成作业，也能帮助父母做一些力所能及的家务活。我听后笑笑，委婉地谢绝了，但这是对我教育成果的一种肯定，我的心里比吃了那兜水果还要甜，笑眯眯地回了家。每每看到他脸上充满阳光的笑容，我心里都特别高兴。现在小明已经上了初一，还经常回母校看望我或者到我家做客，帮我干些力所能及的活儿。

这个孩子的转变让我体悟到师爱的伟大。有时我会想，如果当时对其放任不管或者调皮了就惩罚一下，他现在又会是什么样子呢？原来真的没有教育不好的孩子，调皮捣蛋的孩子并不是天生顽劣，要看家长和老师有没有教育他们的耐心和智慧。对“五个儿工程”的记录，现在回头去看，就像一面镜子时刻提醒、激励自己朝着积极的方向前行，积跬步以至千里。

用爱培育，静待花开

克拉玛依市第十八小学　段红伟

你有辛勤耕耘的快乐吗？你有发现花苞时的激动与期待吗？你有那久久期盼花开的经历吗？你有那看到花朵绽放时的幸福之泪吗？我会骄傲地说：“我有，因为我是一名教师。”

教师就是一名辛勤而又幸福的园丁，与家长共同培养、静待那一朵朵娇嫩的花蕾开出最美的花。

小依刚进班时，我就被他那腼腆的样子吸引了，我想他一定是个娇羞的小花苞。可是，如今三年级了，他依然那样腼腆，不善表达，傻乎乎地玩着，竟成了我们班的“小尾巴”。我的心隐隐作痛，这株小花苞要怎样培育呢？我不断地问自己。

一次数学考试中，他的成绩只有29分，几加几的问题都做不出来，他真的是无药可救了吗？我很怀疑。

中午，我把他单独留了下来，轻轻地问他：“这次考试，你考了多少分？能告诉我吗？”他冲我甜甜地一笑，说：“29分。”天哪！这样的分数他也能笑着说出来。我压住了内心的火，耐着性子问：“这道题你不会做吗？”他看了看题，仰着头说：“我会做呀。”“那考试的时候，为什么不做呢？”“平时都是妈妈陪着我写的，妈妈会给我读题，告诉我该怎么做。妈妈还会给我检查呢！”原来，单纯的他并不能理解学习的重要性，心里只有玩，什么事都依靠妈妈。

听了他的话，我决定去家访。与家长沟通后，我知道了他的妈妈每天都会寸步不离地陪着他写作业。妈妈一走开，他就会偷偷地玩。平时，孩子的一切事情都是妈妈打理。在交流中，我也发现他的妈妈一直在说：这孩子就是贪玩，为了让他好好学习，我什么活儿也不让他干。

第二天，我依然能看到小依无忧无虑的笑容，我眼前浮现出他的母亲为孩子尽心尽力忙碌的身影，我体会到了作为母亲的那份“良苦用心”。但这样下去可不行。我又请她来了学校，将小依几次单元考试的卷子放在了她的面前，孩子的试卷最高分不超过40分。我诚恳地说：“每一位母亲都爱自己的孩子，但爱的方式却不一定是对的。您瞧，如果您再这样爱下去，孩子将会变成什么样？您一定要培养他的自主学习能力。”他的妈妈半天说不出一句话，陷入了深思。和他的妈妈谈话以后，我发现他的家庭作业完成得不像以前那么好了，有时会落下一些，但看得出来这都是孩子自己努力完成的。

自从学习了张老师的“五个儿工程”后，我也参与了进去，每天做好记录，小依就是我记录的其中一人。由于孩子作业上发生了变化，我怕孩子一下失去自信心，就更加关注他，每天时不时地表扬一下，发现他有错题时及时给他讲解，写在他作业上的评语也相比其他孩子更多些。他也每天关注着我对他的评语，有时会在本子上和我互动几句，有时会悄悄地跟着我，找到时机就腼腆地问我：“老师，我今天把作业都写完了吗？写得好吗？”我笑着问他：“为什么这么问呀？”他扭捏地说：“这两个星期，妈妈都没陪我写作业，我怕我没写好。”我赶紧抓住时机表扬他，又及时地把孩子的变化告知了他的母亲，让她继续坚持让孩子自己完成力所能及的事。

又过了一段日子，我发现他做作业时越来越认真了，偶尔看到他愣神，我猜他肯定是碰到难题了，我会悄悄地问他：“有不会做的题吗？”他摸摸后脑勺，不好意思地说这个问题有点想不明白了，我鼓励他多读读题，找到已知条件，看看要求的是什么。而他独立解决了问题后，我会肯定他是个爱动脑的孩子，并在班级表扬他。渐渐地，他在学习上有了主动性，也能认真听课了。趁热打铁，我又和他妈妈进行了一次沟通。同时，我还安排他收作业，看到他每天按时把作业送到我办公室，以及越来越自信的样子，我暗暗感到高兴。

后来，他妈妈几次惊喜地告诉我孩子在家里点点滴滴的进步。我也高兴于他的成长和进步。他的责任心越来越强了，每天都会主动地到办公室来问我有什么需要帮忙的，有时也会来和我说说心里话。同时，他的成绩也渐渐提高了。

看着小依，我体会到了教育的幸福和快乐。我悄悄地对自己说：“这朵晚开的小花苞终于慢慢地绽开了自己的花瓣，一定会开出一朵很美的花。”每个孩子都是一朵花，每朵花都有各自的花期，而我们要做的就是放慢脚步，用心浇灌，让孩子在我们的精心培护中得到信心、勇气和力量。

作为教育者，把我们全部的爱都给孩子，让我们一起静待花开吧！

点点滴滴都是爱，一枝一叶总关情

克拉玛依市第十四小学　初娜

我所教的四年级两个班共有75名学生，其中有个叫小程的孩子令我头疼万分。他是班里的“活跃分子”，始终坚持“三项基本原则”——作业基本不做，改错基本不动，小动作基本不断。每次发现问题找他谈话，他总是找各种理由逃避，和其家长电话沟通也没有效果。因此，我确定了转化的第一步——家访。

小程的妈妈在学校附近开肉店，平时放学后我有时也会去店里与之沟通一下孩子的情况，但她总是口头答应严加看管却并不见成效。于是，我决定来个直捣黄龙——直奔他家，了解一下他的家庭情况，看看他平时的生活环境和学习环境。通过这次深入走访，我了解到小程父亲在外打工，母亲开肉店，平时都很忙，没时间管他，更别说监督他写作业了。而且小程并不是他们的亲生孩子，他的母亲甚至对我说：“初老师，他不是我们亲生的，对于他的学习我们没办法，他能学成什么样就什么样吧，我们也不抱什么希望，只要能平安养大就行了。”针对这样的情况，指望家长帮助是不可能了，出师不利，我的心凉了半截。

接下来的一段时间，小程更是变本加厉，气得我直跺脚。怎么办？现在连每次的测试卷都不愿意交，书写习惯也越来越差，难道我要放弃他吗？就这样，这个可怜又可气的孩子一直困扰着我，成了我的一块心病。我越是着急，就越是批评他或找他谈话，而他不但没有改正，反而愈演愈烈，简直让人崩溃。

安静下来，我开始思考这个孩子的问题，虽然家长从不关心他的学习，但在生活上并没有对他不管不问，问题就出在父母对他的学习漠不关心，导致他自己对学习极其懈怠。又因为基础差，解题速度慢，同样的作业要比别人花更多的时间，当天的作业完不成、错题改不完，回到家还有家庭作业，就这样越攒越多，写也写不完，看着别人出去玩，他能不反感作业吗？他还是个孩子，又缺乏家长的监管和督促，就干脆放任自流、破罐破摔。为了改变他的学习态度，我重新制订了转化计划。

一、走进心灵，明确学习目的

我再一次找他谈话。这次我们以聊天的方式，我摇身一变成了他的大朋友，与他面对面谈心。通过交流，我发现这个孩子非常懂事，感情极其细腻。能深刻体会父母的辛苦，明白只有学习才能改变命运，充满学习的欲望。但他基础太差，也缺乏自控力。这次谈话，我走进了他的内心，他也愿意向我倾诉，并诚恳地告诉我他愿意努力学习，可依旧缺乏自信。为此，我确定了第二步。

二、签订协议，树立信心

为了给他树立信心，我对他说：“你是一个聪明的孩子，你并不比班级的任何一名学生差，只要你按照老师的要求做，这次考试你一定能及格。”为了增强他的自控力，我要求和他签订一份按时完成作业的协议书，并当着全班同学的面宣读协议内容，让全班同学为他的转变做见证。但我知道，以他现在的数学成绩，每天的作业有很多都是没有能力完成的，除了在课余时间帮他补习，为了能让他充满自信地前进，我又优化了下一项计划。

三、减轻作业负担，增强学习兴趣

为了增强他的学习兴趣，我决定减轻他的作业负担，有针对性地为他布置一些作业，让他尝到学习的甜头。当我在班上宣布这一规定的时候，他表现得异常兴奋，其他学生却有些不理解。我告诉学生，教育就是要因材施教，就是针对每个学生的特点和学习程度，让他们完成不同的事情。争得全班同学的支持后，每天我为他单独布置作业，只需要完成基础题就可以。第二天，效果很明显，他的作业交上来了，而且书写上也有提高。改错的时候，他更是主动到办公室找我问问题。好久没有见他这么主动要求学习了，他的进步让我很兴奋，我在班上对他大加赞赏，希望他能保持下去。自从我给他减少作业量后，他的学习热情提高了，改错的速度也明显提高。我的计划初见成效，打铁须趁热，课堂上我适时叫他回答一些简单的问题，提醒他认真听讲，提高课堂听课效率。但是多数时候，新课的内容他很难掌握，问题自然也回答不上来。为了能让他增强信心，主动思考，我又进行了第四步。

四、课前辅导，笨鸟先飞

每天放学后，我都会把他留下来讲解一下今天的错题，剩下的时间还可以给他讲讲明天将要学习的新的知识。听不懂不要紧，我总安慰自己：今天听个一知半解就行了，还有明天呢。果然，第二天上课时候，他会变得积极些，只要他举手，我都会叫他回答问题。无论对错，只要他愿意举手，我都会毫不犹豫地叫起他。他的表现让我欣慰。随着时间的推移，我们这对师生朋友更加有默契了。

这样的努力终于在一次单元测试中见效了。一直考十几二十分的他，这次竟然考了五十多分，虽然仍旧不及格，但于我而言，甚感宽慰。我在课上又将小家伙大大赞赏一番，并给他颁发了小奖品，从他自豪的眼神中我可以感受到他初次体会到了什么是自信，其他同学也为他的突飞猛进而高兴，为他的进步鼓起了掌。

尝到学习的甜头后，小程学习更加主动了，每天中午早早地来到学校写作业、改错题，不会的马上问老师或者问同学。有一次真的是太忙了，放学的时候忘记给他布置作业了，第二天看见他的作业本的时候，我还以为是自己看错了，他不但把基础题做了，连提高题也全部做了，而且只错了三道题。我下意识地想肯定不是他自己独立完成的，把他叫到身边询问作业情况，他说是他自己做的，因为昨天上课讲的他都听懂了，所以这些提高题他也做了。我还是不相信，又让他和我说说昨天讲的内容，他也都能回答出来。听了他的话，我后悔了，我不应该不相信他。

小家伙的点滴进步，我都记录下来，当我翻出来给他看的时候，我发现他的眼睛里噙着泪。他说：“老师谢谢你，我一定不会辜负您的期望的。”听到孩子这样说，我心里那最柔软的地方也被深深地触碰了，我突然觉得一切都是那么值得。我似乎感到这个孩子也真正开始懂得了成长的意义。

爱是什么？它是人世间最美好的语言，它是付出，是给予。有了爱，才会感动，作为一名老师，如果说学历学识、职称能力、风度等是看得见的重要内容，那么，背后看不见的又会是什么呢？爱，爱教育，爱学生。坚持记录“五个儿工程”，让我保存着这份爱，让我更有能量。点点滴滴都是爱，一枝一叶总关情，用爱浇灌每一株幼苗，期待着他们在将来为自己撑起一片更加广袤的天空！

永不放弃是一种信念

克拉玛依市第十五小学　李洁

有人说："教师要有圣洁瑰丽的人道精神，要用不染一丝尘埃的博大的爱对待学生，要像医生抢救病危病人一样永不放弃。"的确是这样，在我的教育工作里放弃只是一个念头，而永不放弃，才是我要一直永存的信念！

走上教师岗位至今已整整15年，15年里有过烦心，有过退缩，有过感动，有过幸福，可仍然坚定地坚持着，因为不言放弃是一种幸福，拥有了这种幸福，我才能拥有奋进的源泉。15年里还真的有一位我一直都没有放弃的学生。说起大名鼎鼎的邓同学，他可是我这58个孩子当中最令我头痛烦恼的一个了。接下来我就给大家介绍一下邓同学。他是个可爱、懂事、胖胖的小男孩，平时为了能见到他的作业，我真的是每日问、每日追，每日都以失败告终。记得刚接他们班时，是三年级，当时作业量少，作业也比较简单，他的作业不能按时完成上交，每天我都要把他带到办公室，盯着他写。他那写字的速度比蜗牛还要慢，每次盯着他把作业写完，办公室基本就只剩我一人了。有时我有事去忙，他绝不会把作业写完交给我，只要一放学就立马溜走了。一学期为了让他把练习册做完，我真的是好累，人累心也累。辅导他的作业就像爬坡，要一步一步来吧，我常常这样安慰自己。

即使他的速度再慢也挡不住时光匆匆，忙忙碌碌中就和孩子们迎来了四年级。孩子们也渐渐长大了，慢慢发现我常把邓同学留下来，班里的孩子们对他投来异样的眼神，后来我只能通过家校沟通的方式，找来他的妈妈，谈心交流，让她多留点时间陪孩子，每晚留点时间督促检查一下自己孩子当天作业的完成情况。之后的两天作业还能按时交上来，先不说写得怎么样，至少能看到他的作业。但没几天，他的老毛病又犯了，后来就是和他妈妈电话交流孩子的近期情况，并叮嘱晚上一定要让孩子把当天的作业完成，结果第二天还是没写完，后来又进行沟通，可是这样的事情常有发生，每次发生每次教育，甚至有时候在布置作业前先进行提醒，免得他忘记，可是第二天他还是忘了我的叮嘱。这样的伤心总是难免的，难过、不情愿之下我还是找他单独谈了谈。他很羞涩，什么也没说，只是点头说会把当天的作业补上，可是……慢慢地我对他的作业也不抱什么期待了，我有了——放弃的念头！

一学期、一学年很快过去了，孩子们五年级了，个个都有了很大的变化，邓同学长大了也长高了，但不变的是依旧不能按时完成作业，后来还变本加厉，刚开学数学书、练习册就莫名不见了，上课时桌面总是一干二净，有时连个像样的笔和本子也没有。三年来对他我真的是一点也着急不起来了，我能做的就是默默地提供给他本子和笔，不让他闲着。失望中留存的那点希望就是邓同学上课听讲还蛮认真的，也能积极思考大胆发言，这也许就是这三年来我一直都没放弃他的原因吧。后来我想了想，每个孩子都有他的独特之处吧，也许邓同学就是这样的。后来我每天关注他课上的学习情况，抓好课上的时间，这样相信他的学习也不会太糟糕。后来我对他的作业抓得也不是很紧了，真的是心宽了，关系融洽了，他对我也亲近了很多，有时课上我还会对其他学生说："你们看看，邓同学的成绩不错，全靠课上的40分钟，看来听讲是多么重要，其他同学也要向他学习认真听讲，高效地抓住课上时间。只有课上听懂了，课下作业才能快速轻松完成，这样学习成绩自然也就提高了。"

平日里堵心、难过的事情还是常会发生，期末复习阶段事情多，任务重，35个孩子，每个都要关注到，对邓同学的关注可能就少了点。一次上黑板练习除法计算时，他竟然把被除数和除数的位置写错了，这都快考试了，竟然出现这种错误，我那小火苗一下就燃烧了起来，此时邓同学也有些不好意思地看着我。我心中的火随之也变小了，心里想怎样才能让他记住这次教训。一扭头，看到了坐在旁边的张同学，她也是让我头疼的一位小公主：学习上一会明白，一会糊涂，有时加、减、乘、除都分不清。现在的她正皱着眉头对着题目发呆。对，就把邓同学交给张同学吧。看到张同学仔细地为邓同学讲解着题目，我心中一阵高兴：这个办法既减轻了我的负担，也让两位同学加深了对知识的理解，让他们也体会一下平日里我工作的艰辛和着急。或许换个方式对改善两个学生的学习状态会有很大帮助呢。很快，一学期的学习即将接近尾声，小检测的次数在不断增多，每当检测结果显示学生都有进步，尤其是邓同学进步很大时，学生都会开心地鼓掌、欢呼，学生和我拥抱在一起！那一刻我是幸福的！我认为那一刻被定格的画面应该是美丽的！这也让我深思，当自己、家长都无法帮助学生时，可以转身选择学生，学生之间互相帮助、交流学习，效果也许更好。看来几年来我的不言放弃是一种幸福，拥有了这种幸福，我才会拥有奋进的源泉！

教育旅程上我会一如既往地做到不放弃每一个学生，坚持关注学生努力的过程，对他们所做的每一点努力都加以肯定和赞许，即使微不足道的进步也要加以充分的鼓励和赞扬，让学生能体会学习成功带来的快乐，享受学习的乐趣，然后再向他们提出进一步的要求，使之愉快地、永不停顿地向前努力。我坚信正是礁石的阻挡，才使得浪花显得更加美丽！

爱从细微处做起

克拉玛依市第十五小学　宋燕华

一、你来自安徽

开学伊始，从安徽转来一位新同学，到班上时正好是我的课，只见他站在门口，用略带羞涩的目光不时朝教室里张望，一双小手不停地搓着衣角。我把他带进教室，让他向同学们做个自我介绍，他想了一会儿，似乎是鼓了很大的勇气，小声地说：“我叫晓府，是从安徽转来的。”听了他略带方言口音的自我介绍，全班竟哄堂大笑。在同学们的笑声中，他的头低得更低了，可以看得出他很难过。我心中暗想：如果当着他的面批评大家，似乎告诉他同学们很不友好，可是如果不做任何表示，想必会让他“失望”。于是，我举起手示意大家安静下来并摸摸他的头，弯腰告诉他：“晓府，老师和同学们欢迎你，希望你在这个大家庭里愉快地学习！”听了我的这番话，同学们也意识到自己刚才“不友好”，都不好意思地鼓起掌来。晓府在同学们的掌声中默默地走到了自己的座位上坐了下来。

一节课，他都静静地坐在角落里没有举过一次手，看来同学们的笑声，让他心理上起了变化，我想了想，下课后把他叫到办公室。

“今天上课的内容听懂了吗？”

“听懂了。”

“为什么不举手回答问题呢？”

“老师，其实我在原来的学校学习很好，你提的问题我都会，可是我不敢说，我知道同学们会笑我，因为我说的不是普通话。”

“晓府，其实同学们也不是恶意的，毕竟他们没有听过你的方言。要知道你的方言是很具有地方特色的，我们想说你的方言还不会呢！新疆的孩子说普通话也不标准，我们都是一样的。只要你放慢说话的速度，慢慢用普通话回答问题，同学们就一定能听懂。”

二、我们的谈话奏效了

上课的时候，他真的开始回答问题了，特别是有点难度的题目，他每次都会举手，而我也特意会让他回答，他的表现当然得到了大家的肯定，他也越来越有自信，最终赢得了同学们的赞赏。

在陌生环境中很快交到好朋友，似乎没有那么容易，他缺乏倾诉的对象，但让人高兴的是他把我当成了朋友，所以他似乎有说不完的话要对我讲。下课后总是来到我的面前：“老师，你有QQ吗？你知道昨天我在上面玩了个什么游戏吗？……”“老师，周末爸爸妈妈带我去玩了……”“老师，我在家乡有很多好朋友，有×××……”无论是在班里，还是在校园的路上，他就跟在我身旁，不停地对我诉说，我一直努力做个好听众，“是吗？”“哦！”“好的……”

三、曾经的你

开学一个月后的家长会上，我见到了他妈妈，没等会议开始，他妈妈就先找到我，告诉我一件事情。

刚来的时候，他很不习惯这里的环境，坚持要回家乡，甚至趁父母不注意到车站准备乘车回安徽，幸好他父亲及时发现了留下的纸条，追到车站并把他找了回来，在带他回来的途中，他一直都在不停地反抗。上学后，父母很担心他的学校生活，怕他不适应，没想到来学校以后他再也没说过要回安徽的话，并且常常说宋老师今天如何如何，所以他妈妈拉着我的手，表示对我的感谢。

我真的没有想到，小家伙还有这么倔强的一面，也没有想到，我对他的影响有这么大，给了他留下来的力量，对他来说我不仅是一个老师，更是一个朋友。

著名的瑞士教育家裴斯泰洛齐说过这样一段话：“从早到晚，我一直生活在他们中间……我的手牵着他们的手，我的眼睛注视着他们的眼睛，我随着他们流泪而流泪，我随着他们微笑而微笑……”这应该就是爱的体现吧。心中有爱，从细微之处做起，眼里有学生，心中也有学生，学生还能不喜欢你吗？喜欢你，学习也就轻而易举了。我想作为老师，能得到来自学生纯真的“厚爱”，这也是幸福吧。

唯有热爱，可抵岁月漫长

克拉玛依市第十一小学　吕晓莹

李吉林老师说过：“任何一种教育模式，任何一种教学方法，要教好学生，都需要教师具备良好的素质，需要教师对教育的真情、对儿童的真爱。”

刚走上教师岗位工作不到三年时，我有幸成为张连勇老师“五个儿工程”参与实验的教师，在记录“五个儿工程”的实施过程中我真正了解到了“真才能驻足，情才能弥漫，教育也才能真正奏效”这句话的含义。“五个儿工程”的记录也让我在今后的教学生涯中养成了反思和记录的习惯，而这些反思的材料就像一位老朋友，见证着我在教学过程中和孩子的点滴，每每翻看都能看出每一个故事背后对教学的思考，弥足珍贵！

一、这份“弥足珍贵”让我感受到教师这个职业的幸福感

这要从一条朋友圈说起。一年前出于个人原因，我要离开当时仅带了一年的两个班，依稀记得当时在班级群做了告别之后，为了不影响下一任数学老师进群我当即退出了班级群，之后我收到了一些家长的短信，我们有万般不舍但又彼此祝福，于是心有所感有了这条朋友圈。带这两个班的时间不长，我没想到也收获了来自家长的肯定和信任，时至今日这些家长有时候还是会和我在微信上互动寒暄。通过“五个儿工程”，不仅收获了孩子的喜爱，也通过孩子这根纽带收获了家长对我工作的支持和信任。

二、苔花如米，也有灿烂绽放的璀璨

来到了新的环境自然面临的是新的班级和学生，知道我要带现在的这两个班时，周围同事开始给我打“预防针”：“这两个班是全校最难管的，你要

花些心思。”“这两个班前面换过好几个数学老师，2班还有几个‘刺头’，你要镇住他们。”……我在和现在的两个班的学生彼此朝夕相处的“磨合”和“适应”中慢慢地发现了班里的一系列问题，由于前期不断地更换数学老师，学生数学学习习惯还未养成，学生学习散漫没有积极性，班里没有浓厚的数学学习氛围。通过作业练习检测发现，班里大部分学生数学处于中下水平，这让我陷入了沉思。回想从前，教同一个班级的老师在一起只要是谈论关于学生的话题，常常是谈论班上成绩突出的几个或者班里最让我们劳心伤神的那几个。而班级中处在中间的大多数，在管理上最容易被我们忽视，从前的“抓两头，带中间”的方法对现在这个班级的学生显然不适用。因此我决定：既要抓两头，也要抓中间管理好中游学生，让更多的中游学生变成上游学生。于是我制定了数学学习的考核项目并进行个人和小组积分，最后通过物质奖励给予鼓励表扬。通过一学期的相处，我和孩子们的心在一起了，孩子们的学习状态也在我“恩威并施”下有所扭转。老师心里装着学生，学生可以感受到，同样家长也能通过学生感受到老师的用心。在一学期即将结束时，这个班的家长给我们三位老师送了一面锦旗表达感谢。其实，对于我们三位老师而言，这是身为人师的本分；对于我而言，这是在“五个儿工程”中收获的“真”和“情”，正是这种力量赋予我坚持和热爱。

在抓中游学生的这个过程中，我发现班里中间学生当中还有这样几位学生——他们稳重，但性格内向，不善于与老师、同学交往，自然语言表达能力也得不到充分发展，上课回答问题时的声音总是很小，甚至有时候不敢表达自己的见解，尽管会这道题。小馨就是这样一名学生，有好几次练习册改错的时候，她总是不来找我复批。后来我走到她座位面前看到练习册上空的题时才发现是纠错讲解时这些题她仍然没听懂，但是她自己又不敢单独来问老师。那次我俯下身子对她小声地说：“下次你有不会的题可以随时来找老师，我喜欢问问题的学生哦。”从那之后，她从拽着一个伙伴问我题到后来单独进我办公室来问题。为了增强她的自我意识，在一次小组汇报中，我有意请她作为他们组的代表上来汇报。看着她紧张地一次一次推眼镜，我向她竖起了大拇指，并说道：“特别棒，大声点，声音再大点。”她向后耸了一下肩膀，声音比刚才大了一点。自那以后，我总是会让这类学生回答问题和充当小组汇报员。苔花如米小，但绽放亦芬芳，经过这一年的相处，小馨同学变得开朗起来，对于数学学习也有自信了，数学成绩也比以前有了很大提高。她的妈妈在钉钉上给我留言表达了感谢，字里行间透露出对我的感激之情。

这个世界并非只有天才，就如我们所教班级优秀生也是少部分，大部分都是平凡之人。从前我认为我是教数学的，现在我认为我是教学生的，在传授书本知识的同时，我还能让学生获得受用终身的东西，这就是做教师的意义所在。

三、关于“每天析几种错题”的片段反思

一次，在利用短除法解决问题时，学生发现了短除法的巧妙和简便。

学生：我发现短除法最后求出的商2和3就是每根绳子剪成的段数，所以第二问我直接就用2+3=5（段）。

学生：一直觉得大题中的每一问都要计算的，没想到短除法其实是帮我们解决了两个问题！

你看，在教学中倾听不同的声音，会发现学生给你的小惊喜。学生自己想到的方法往往比老师直接讲的更有效，如果老师只是为了改错而改错就会错过学生自发成长的瞬间！

还有一次，学生在做题时不理解“轮宽”指的是什么，也不知道求的是哪部分的面积。当时我就顺手折断了一根粉笔，充当压路机的前轮，开始在黑板上滚动，学生看到“压路机”在黑板上滚压出的面积，感到有趣，瞬间恍然大悟——粉笔滚压出的面积就是圆柱的侧面积。

所以，数学教学中很多难点问题不一定非要依赖课件才能有效突破，只要我们用心关注教学中的问题，去思考解决，就能找到更好的解决方法。

四、关于“每天留几分钟反思几件事”的片段反思

如果学生是一条鱼，那就不该强迫他去爬树。如果你用爬树能力来判断一条鱼有多少才干，那他会一直觉得自己愚蠢不堪。就好比以前我天天盯着几个学习困难的学生订错、补作业，然后我再一个一个打钩批阅，最后他们的作业终于订完了，但看着他们每次在办公室痛苦地订错，我在想按照他们的学习能力布置他们能完成的那部分不可以吗？为了紧跟“双减”政策的步伐，也为了增强下游学生学习数学的积极性，避免他们因数学作业产生厌学的情绪，我结

合学校数学作业总体规划方案，针对自己班的学困生的特点，对六年级数学常规作业进行了每课分层。

五、我拥有的一块不大的“精神自留地”

从前的我读书属于“职业性阅读”，只会读一些专业书籍，以便立竿见影地“救急”。此外，我就很少自由地读书、个性化地读书了。随着年龄的增长，抑或出于自身精神成长的需要，现在每年我都会买来一些书籍读一读。当然，在信息爆炸的时代，有时候一部手机就可以让你随时随地阅读，所以我会关注一些我感兴趣的公众号进行“碎片化的阅读”。无论是网络阅读，还是纸质书阅读，总之，我觉得要营造一个自己的精神家园，哪怕是一块不大的“自留地”。养成读书和思考的习惯，把读书当作一种生活方式，同时在这种生活方式中，还能消除职业疲倦。

《十年反思的力量》中有这样一句话：因为热爱，生成热爱，因为热爱，才有坚持。而“五个几工程”的记录赋予了我坚持的动力，帮助我生成了心中的热爱。

最后，我想节选一首诗来结束我今天的分享：

每一个孩子都是一颗星星，
不管我欣赏还是不欣赏，
它都在那里，静静地散发着光辉，
照亮着自己，
也照亮着那片天空。

每一个孩子都是一颗星星，而我只是陪伴他们的一颗流星，但我的磁场，甚至一个微波都有可能改变他的轨迹和一生。我必须时刻提醒自己，每一颗星星都有不一样的频谱，每一颗星星都有不一样的色彩，即使我不是色盲，也有很多我不能看见的光亮，不能发现的色彩。我还必须时刻提醒自己，不要把自己当成照亮一切的阳光，因为遮盖群星光辉的正是太阳……

善存于心，爱在于行

克拉玛依市第十一小学　赵丹丹

回想践行张老师“五个儿工程”的过程，我有过迷茫，有过挫折，但更多的是收获和感动！在践行“五个儿工程”的过程中，我懂得了包容和爱，我与孩子们的关系更加亲近，也让孩子们更加热爱数学，我深深地感受到教育的美好……在这里我就采撷几朵小花，与大家分享。

一、赏赞学生，绽放美丽

这个男孩叫小岳，他是三年级时转来的。在他转来的第一节课上，我就感受到这是一个课堂习惯很不好的孩子，上课时身子总是歪歪斜斜，交上来的课堂作业又脏又乱，字写得非常难看，整天不是这个东西忘带了，就是那个作业忘做了。

一次，他交上来的作业字写得歪歪扭扭，该用尺子的也随手乱画，我便把作业还给了他，并告诉他：“你的书写太乱要重新写，老师希望看到你更工整的字，明天早上我检查你的作业。”结果第二天收他作业的时候，作业本居然一点没动，我当时便气不打一处来，心想这个孩子怎么这么不把老师的话放在心里，必须得惩罚他。我压制着心头的怒火对他说：“你今天中午放学前必须把作业给我交上来，否则不能回家。”中午的时候，他把作业又重新写了一遍，可是交上来的作业依旧不尽如人意。我心想：他的这些坏习惯肯定不是一朝一夕养成的，我现在要做的是和这个孩子好好聊聊，了解他的情况，再帮助他改掉坏习惯。通过交流我了解到这个孩子父母离异，从小是父亲养大的，父亲刚去世不久，现在跟着母亲来到了克拉玛依，所以才中途转到了这个班里。了解了这个孩子的情况后，我不禁对这个孩子产生了怜悯。但这个孩子在给我说这些情况时，居然没有任何情绪波澜，他的语气非常淡然，这令我心里有些发毛。我不知道这个孩子是对亲情很冷漠，还是不愿意让我看出他内心的脆弱。归根结底这个孩子是缺乏关爱的，尤其是他的父亲刚刚去世，此时，我应该给予他更多的关爱，通过爱来使他产生积极向上的健康心态。我便轻柔地抚摸着孩子的头，柔声地说：“爸爸虽然去世了，但是爸爸还是可以在天上时刻看到你的，我相信他一定希望你做个每天都很开心的好孩子。再说，你还有妈妈，妈妈也很爱你哦，所以你更要努力哦！”从他眼里闪过的一丝光亮，我看出了这个孩子脆弱的内心，我接着又说：“你看你这次写的作业，就比上次写得好一些了，由此可以看出你是个聪明的孩子，只是不肯用功罢了。以后要对自己有信心，老师相信你一定可以的。现在也不早了，你就早点回家吧，妈妈还在等你回家吃饭呢。”他“嗯”了一声便慢悠悠地离开了。

之后的课上我便特别关注这个孩子，只要他稍微有些进步，我就会表扬他，课间也会主动找他聊天。面对这种正在成长、性格还没有定型的孩子，我们要做的就是向他伸出温暖的手，献出自己的爱心，随着了解的增多，我发现他其实是个脑子非常灵活的孩子，回答问题也积极，所以我常常表扬他“回答问题积极”。一次上课我让他上台板书，我发现他的字居然写得非常漂亮，我随即当着全班同学的面表扬了他。他非常兴奋，唇角边勾起了一抹羞涩的笑容，对我说：“大家都看着我，我必须得把字写得好看。”我立马给他们小组加了5分，自此小岳的书写变得越来越好了。通过这件事，我明白了只要你善于发现孩子们的优点，适时鼓励赞美他们，他们就会不断进步。

二、播种爱之花，收获爱的果实

做教师没有能力点燃火种，但绝不能熄灭火种！面对眼前充满好奇和天真的孩子们，要珍惜，更要努力让每一个孩子的心中充满阳光，让每一个孩子都在爱的抚慰下快乐成长。

这个女孩是我这学期新教的一个班级里的孩子——娜娜，对她，我也是早有耳闻，所以我接班前就默默地对自己说，一定要给这个孩子更多的表扬，增强她的自信。所以，在这个班里上第一节课时，我就告诉所有的孩子：“不管你们以前怎么样，你的好与坏我都不知道，从今天开始你们就是一个全新的自己，我也相信在座的每一位同学都会比过去做得更好。”这些话我当然更多的是说给学困生听的，希望他们能拥有更多的自信。说了这些话后，我发现那节课每个孩子都非常愿意去表现自己，也包括娜娜。

随着接触增多，娜娜的毛病逐渐显现出来，她与同学们相处得非常不好。有一次，一个同学不小心把她的试卷弄掉了，她二话不说就把那个同学的卷子也扔在了地上。还有一次，她的练习册找不到了，询问时，有个学生嫌弃地说："她那么脏，我们才不会拿她的书！"听到这句话，我看了看娜娜，的确，这个孩子脸脏脏的，衣服脏脏的，一点也不爱整洁，我便把她拉到身边，轻轻地对她说："娜娜，你有好朋友吗？"她低下头，摇了摇脑袋说："我不需要朋友。"听了她的话，我接着说："每个人都需要朋友，没有朋友的人是孤单的，有朋友的人才会更快乐。老师想做你的朋友，怎么样？"她迟疑了一下，随即便露出纯真又灿烂的笑容说："好！""那我有个要求，你看你长得那么漂亮，可小脸小手总是脏脏的，老师希望见到一个更加干净整洁的你，可以做到吗？"果真，第二天她便焕然一新地来到了班里。之后我总是时不时地表扬她，并在课间和她聊天，与她交流怎么和同学相处，在我的带领下，渐渐地同学们也愿意和她玩了。她课堂上也举起了小手，课下也积极地找我改错，我还给了她一个抱作业的小任务。一段时间下来，她变得活泼起来，上课注意力集中了，人也变得自信起来了。娜娜在一篇作文里说最爱的老师是赵老师。只有真正地走进学生的心灵，才能更好地教育学生，正是张老师的"五个几工程"给了我师生和谐关系的指引思想，它是引领我前进的指路灯。

三、善存于心，爱在于行

老师不经意的一句话，可能会创造一个奇迹；老师不经意的一个眼神，也许会扼杀一个人才；老师习以为常的行为，也许会对学生终身发展产生不可估量的影响。自从践行张老师提出的"五个几工程"后，我时常反思自己的课堂，反思自己教学中的问题，反思什么样的方法适合什么样的孩子，反思自己有没有留下一些遗憾，遗忘了一些不该遗忘的角落！正因为有了这些反思，我面对这些孩子时，才能够更从容冷静。

善存于心，爱在于行！让我们用爱心搭起桥梁，用关心凝成温暖，用真心传递幸福，用时光铸就"爱可以改变一切"的金色长城！

以爱护苗

克拉玛依市绿雅小学　俞会芸

有人曾说：“爱是一种伟大而神奇的力量，老师承载着爱的阳光，哪怕仅仅是投向学生的一瞥、开心的一笑、灵机一动的言语，孩子们幼小的心灵都会感光显影，映出美丽的图像。”班主任的工作，影响着每一个学生的各方面，影响着他们一生的前进道路。

作为一名班主任，必须拥有最深厚的爱生之心。我的班级里有36个学生，他们各具风格，有的活泼可爱，有的内敛温柔，有的热情张扬……我用爱去关心我的每一位学生，让爱成为班级管理中的情感基础，多给他们一点爱的阳光雨露，使他们茁壮成长。

一、用爱弹拨学生的心弦

他是个行为偏差生，对学校纪律不重视，学习成绩不理想，容易和同学发生冲突，但是他也是个懂礼貌的孩子。刚接手这个班级时，我在和原班主任了解班级情况的过程中，了解到这个学生之前有过一些偏差行为，第一个月我先默默观察他的行为表现。

第一个月，他在班级里表现很积极，想给我这个新班主任留下个好印象。我也根据他的表现，及时给予肯定。例如，在班级劳动的时候，他积极主动承担拖地的任务，我便立即表扬了他。经过一段时间相处，我对他有了一定的了解，发现他不仅在态度上存在问题，而且有时情绪控制不当。

有一次，他和同学发生矛盾，产生了肢体上的冲突。在让双方冷静下来后，我找他一对一聊天。在倾听了他的讲述后，我先耐心地和他梳理事情发生的过程，并进行了调解。在深入沟通后，他认识到了自己的错误。接着，我多次跟他强调，我们是一个班集体，每个人都是其中的一分子，要控制情绪，和同学友好相处。我告诉他同学和老师都会像家庭成员一样关心爱护他。看着他满不在乎的样子，我知道他不会轻易相信班集体就是他的家。光靠说是不行的，更重要的是靠爱心和耐心让他真正感受到班级的爱。之后，我常利用空闲时间和他谈心，渐渐地，我们之间的距离拉近了，他能感受到我对他的关爱，并开始接受班级这个家。在学校举行的运动会中，他踊跃报名，并在短跑比赛中获得了第一的好成绩。看到同学们为他欢呼，他的眼里闪烁着喜悦的光芒，他与班级的距离又近了一步。

我们教育学生，首先要与学生建立起一座心灵相通的爱心桥梁。这样老师才会产生爱，而有爱是教育好学生的前提。对于他这样的孩子，要敞开心扉，以关爱之心来触动他的心弦。“动之以情，晓之以理”，用爱去温暖他，用情去感化他，用理去说服他，从而促使他主动地认识并改正错误。

二、静待花开

静待花开是一种心境，但是通常很多人都做不到。作为老师的我对于教育学生，也会急躁，也会着急，也会恨铁不成钢。确实是，老师也是凡人，很多时候不能达到这种心境，所以我们要慢慢学会让自己静下来，慢下来，不慌不忙，静待花开。

一次数学课上，一个很简单的问题，大家都积极地举着手想回答，只有小思同学低着头不敢看我，我很小心地问她：“要不你来试试？回答错了没关系，同学们都会帮助你的。”她站起来吞吞吐吐地说：“老师，我没听懂。”同学们一阵哄笑，她明显脸红了，深深地低下了头。我严厉地批评了其他同学，告诉他们，不会不是丢人的事，不会还不想请教别人才丢人。从这以后，每次数学课上她都认真听讲记笔记，我也经常关注她，碰到简单的问题，多让她回答，及时地给予表扬和鼓励。遇到她不会的问题，我都亲自给她讲解开小灶，一遍不懂就多讲几遍。她也感受到了我对她的期待，学习很努力。一段时间后，她明显比以前自信多了，上课也能主动回答问题了。可能是由于我的关注，每次数学作业她都交得很晚，但是正确率一直在提高。期末考试的时候，我给了她一个进步奖，私下还给她准备了一份奖品激励她。

我教了她两年，最后毕业的时候她从班里的倒数第一名考到了第十二名，我相信她不会止步于此，我能陪伴她的路只有这一段，她未来的成长道路上还会遇到很多的老师，希望她能不忘初心，坚持不懈，绽放自己那朵绚烂的花朵。静待花开，你在付出努力之后，依然要保持一颗宁静的心，不急不躁，耐心等待，花有不同的特性、不同的花期，急躁等不来花开。同样，学生性格各异，脾气性格不同，处事方法、学习态度不同，如果我们缺乏耐心，就发掘不出学生的潜能，无法让种子向上生长，所以静待花开不仅仅是一种心境，更是一种智慧。

三、爱，让她抬头走路

我不禁想起学生小安，本学期她的妈妈生了二孩，从小她备受宠爱，但现在妈妈忙着照顾弟弟，爸爸忙着赚钱养家，对她的关注有所减少。缺少了爸妈的关爱，她灿烂的童心蒙上了灰尘，产生了爸爸妈妈不再爱她的思想包袱，再加上小学阶段学生的自控能力比较差，所以小安的学习成绩迅速下滑，上课调皮捣蛋，课后不按时完成作业已经成为家常便饭。

有一天放学后，我正忙着批改作业，班长跑来告诉我：“老师，小安还坐在教室里等你呢。”我一听愣住了，心想：她等我干什么呢？班长补充说：“今天上课时她又不认真听讲，扰乱课堂纪律了，你下课后说晚上要她留下来补课。本来她背着书包准备回家，被同桌‘管住了’。”我连忙找到小安和她谈心，交谈中我发现小安对自己的要求很低，甚至有点自暴自弃，用她的话说就是：“我是学困生，而且现在爸爸妈妈又不管我，所以我就可以不求上进，学习成绩好不好无所谓，没有我就衬托不了其他同学优秀，我也算得上是一个小功臣。”

和小安交谈完后，我的心情很沉重。六年级的学生就如此自暴自弃实在令人心碎，作为班主任我不能让我的学生就这样放弃自己，她应该有美好的未来，只要改变，一切还来得及！于是，我首先和她的父母进行了沟通，希望他们在照顾好弟弟的同时，能多抽出点时间和精力关注小安的学习和生活，不要让孩子有被抛弃的心理，因为父母的关注和鼓励一直是孩子成长进步的主要动力。同时，我也和所有老师进行了沟通，希望他们和我一起多关注小安，多给她一点关爱。我又准备了一个漂亮的笔记本与她做了一个约定：坚持一周按时完成作业，不在课堂上做小动作。在以后的日子里，当她有一点进步时，我就及时给予表扬、激励。生活上，当她缺少学习用品时，我就以奖励的名义送给她，使她处处感受到老师的关心。渐渐地，她变了，作业能按时完成了，上课也能经常看到她回答问题的身影，课间很少打闹，拥有了自己的好朋友，还经常主动去帮我做事。

看，她正在成长！为了提高她的学习成绩，我除了在思想上教育她、感化她，还特意安排了一个责任心强、学习成绩好的女同学担任她的师傅，帮助她学习。事前，我先同这个女同学进行了一番谈话：为了班集体，不要歧视她，要尽你自己最大的努力，耐心地帮助她，使其进步。这位小师傅满口答应，并充分利用课余或课堂时间帮助她，果然，她的成绩有了很大的进步。

成为教师6年后，我慢慢懂得：对待学生，我们应多一份爱心，多一份耐心，多一份责任心。我始终相信：爱心是教育学生的重要源泉，耐心是成功的保证。春风化雨，润物无声。老师的柔情和博大的爱，在无声无息中滋润学生的心田。

我期望用自己的智慧引领我的学生成长，我因为有学生同行而幸福，学生因为有我的陪伴而快乐。在享受这些幸福的同时，我对教师这一职业有了更深刻的理解：爱是教育的灵魂，有爱才有教育。

撕掉标签，擦亮每一颗星星

克拉玛依市绿雅小学　李雪萍

众所周知，在日常的师生交往中，老师处于主动地位。老师爱学生，学生就会爱老师，进而产生亲近感，并爱上这位老师教的课；老师不爱学生，学生也能深深感受到，进而产生害怕情绪，讨厌上这位老师的课。大多数情况下，老师更偏爱优等生，而忽视了学习能力较弱的同学。但是，教育要面向全体学生，作为一名数学老师，如何能让每个学生都感受到你的爱？张连勇老师提出的“五个儿工程”——“每天和几个学生说几句话，每天赏几个学生赞几句话，每天给几个学生讲几道题，每天析几种错题读几页书，每天留几分钟反思几件事”给我们指明了方向。“五个儿工程”要求我们关注所有的学生，帮助所有的学生得到成长和提高。特别是“五个儿工程”里提出来的“每天和几个学生说几句话，每天赏几个学生赞几句话”，这就是老师爱学生的具体体现，把抽象的爱具象化了。老师的一个动作、一个眼神做到位了，学生就会感受到你的爱。在我的数学教学生涯中，“五个儿工程”指导着我去爱每一个孩子。

一、每天赏几个学生赞几句话

早晨来上班的路上，忽然听到一声很清脆的问候声，语文老师好！数学老师好！转眼望去，看到很温馨的一幕，一个十岁左右的小男孩紧紧牵着妈妈的手，满脸的幸福，蹦蹦跳跳地向学校走去，听到小男孩的问候声，心情也一下变得阳光明媚了。这时，同行的朋友告诉我说，这是他们班的孩子，旁边那位母亲就是上一次下班时间“截住”我们的家长。她还说，最近这个孩子表现可棒了，上课也勇敢地举起手来回答问题，作业也能按时完成，和同学也相处得很融洽。

我忽然想起大概是国庆节放假前的一天下午，下班后，我和朋友本来准备赶往超市采购一些生活用品，但是一位家长远远就看到了我们，并说要跟老师交流一下，因为朋友是他们班的班主任，所以我们只好停下来在校门口跟她交流。这位母亲像祥林嫂一样开始絮絮叨叨地说起孩子的情况，家里有两个男孩，老大脑瘫，小男孩是家里的次子，因为老大有病，所以家里人把所有的希望都放在了小男孩身上，希望他能成才，以后父母老了还能照顾生病的哥哥。但事与愿违，小男孩不仅学习不上进，叛逆心还特别强，处处与父母作对，老师打电话告状更是家常便饭……听着母亲无奈的叙述，我很疑惑，作为一名只有10岁的孩子，不可能如此叛逆。当时也是刚刚接触张连勇老师的“五个儿工程”，作为老师要每天赏几个学生赞几句话，孩子的妈妈做到了吗？于是，我试着问道，是不是父母教育的问题？譬如说，因为哥哥生病，给哥哥的关注太多而忽视了这个孩子？听了我们的提醒，这位母亲沉默了一会，然后告诉我们的确有点忽略这个孩子，平时因为哥哥生病，什么都先让着哥哥，而且在日常教育中，因为她和老公都在忙生意，教育孩子没什么耐心，说了不听就以打骂为主。这应该就是问题的症结了，我们告诉她，你的确是很爱你的孩子，但是你的方法不对，作为一个10岁的孩子，他体会不到父母的爱，只是感觉到对哥哥偏心，所以对父母亲有了逆反心理，或许是希望通过这种不上进的表现来获得父母的关注，回家之后能不能试着改变一下，对他的关心和爱护应该表现出来，每天多表扬孩子赞美孩子。在日常教育中，也应该以讲道理为主，不要老是采取打骂的方式，这样坚持一个月时间看看效果。

其实，我们俩都参加工作不久，对于这样的建议是否合适也不是很确定。但看到今天孩子脸上满满的幸福感，母亲应该是做了改变。

朋友还在诉说着这个小男孩的变化，我一边听一边在心里窃喜，幸亏当初没有拒绝，做了那位母亲的聆听者。作为一名10岁的孩子，他其实挺可怜的，是一名家庭教育的受害者，心里面憋着父母亲不关注自己的委屈，发泄到学习上来，如果老师在没有了解孩子的真实情况下就对他进行训斥，那这个小男孩或许就一直破罐子破摔了。没有想到自己当初的一点耐心竟然可以让这个孩子变化这么大。

这一次偶然的机会，让我意识到张连勇老师“五个儿工程”的魅力，在后期的教学生涯中也一直以它为明灯指引着我的教学。

二、成绩不好能当数学课代表吗

小艾同学已经转来一周了，每节课总是无精打采地趴在桌子上，永远提不起来精神。各科老师也都在抱怨小艾同学，上课一直趴在桌子上，体育课上偷懒请假。小艾同学已经被贴上了“差生”的标签，作为数学老师的我也很着急。这时学校安排我和小艾同学成为结对子好朋友。通过入户走访，我了解到小艾同学的父母都因为工作去了外地，只有两个姐姐在家，大姐在工作，二姐上初中，她之前的成绩就很差，到了新环境之后更加不适应了。但是，在家里做家务是一把好手，家中被她整理得井井有条，每天穿着干干净净的衣服来学校。我就跟她说，老师觉得你的动手能力很强，人缘也比较好，可以当老师的小助理，协助课代表帮老师收发作业，后面上课如果你能抬起头来认真听讲，每节课都能回答问题，就可以当数学课代表。我看到小艾同学的眼睛亮了。做出这个决定一方面是想给这个学生自信，另一方面是想让她“近朱者赤”，给她创造多和我亲近的机会，能先喜欢上我继而喜欢数学这个学科，平时也有时间可以多接触她，多询问情况帮助她查漏补缺。

从那之后，小艾同学经常往老师办公室跑。有时候，她作业本上有错误，我就揪住她讲一遍让她订正，有时候还会拿所教的知识考考她。数学课上，能看到小艾同学在慢慢进步，一双渴求知识的眼睛在盯着我，有一次她终于举手回答了我的数学问题。课下我就在班级里郑重宣布，小艾同学成为数学课代表，大家都响起了热烈的掌声。这时我告诉学生，在老师这里，成绩并不是最重要的，一切都是新的开始，老师很愿意帮助他们树立新的目标培养新的学习习惯，共同进步。

后面跟她姐姐聊天，她姐姐说小艾同学现在特别喜欢学习数学，成绩也由开始的30分左右到可以考及格了。

“五个儿工程”实施起来需要爱心，你若不爱，只求表面完成，不沉浸其中用真心去实践，那将偏离主旨，永远走不到鲜花盛开的彼岸；你若将爱融进实践过程，就能真正走向辉煌灿烂的教育宝地。

每个学生都希望得到老师的喜爱、父母的关心和朋友的尊重，成为一个所谓的“好孩子”。也许我不能成为冰心笔下，那个随时播种便能开花的人，但我可以帮学生摘掉标签，用爱去平等抚慰每一个学生的心，擦亮每一颗原本闪亮的星星。

教育是一场爱的修行

克拉玛依市绿雅小学　许娜

教育是一场爱的修行，注定要用爱来书写。

一、扬起爱，再起航

2020年，是不平凡的一年，我们见到了平凡人中的英雄，也见证了爱与温暖。因为心中有爱，因为有对教育事业的向往，2020年9月，三十而立的我走进了十五小，成为一名小学数学教师，这就是我教育生涯的起点。

二、修行修心在路上

人们都说，教师是太阳底下最神圣的职业，是人类灵魂的工程师。这些美好的头衔犹如天使的花环，只有真正进入教师行业，你才能体会到教师的各种酸甜苦辣。虽然之前做好了心理准备，但仅仅一个星期，就让我第一次深深意识到做教师是一件那么难的事情，做一名好教师更是难上加难。从那一刻起，我重新审视了这份职业，重新定位了我的人生目标。我想只有努力学习，充实自己，才能站稳三尺讲台。

作为新入职教师，我有幸参加了2020年新入职教师培训，一个多月的繁忙工作和充实培训，让我收获满满。起初我对多读书理解得不是那么深刻，只知道要读，但是因为工作繁忙，读书的时间就一再被压缩，慢慢变得可有可无，通过培训我意识到多读书、读好书对一名教师是多么重要，因为只有多读书，读好书，做一个爱读书的人，才能让自己智慧地去教，才能带着学生聪明地学。

三、用爱感悟、潜心修行

从刚进入学校时的踌躇和无措，到不断听课、看书、学习，感觉内心因工作而得以充实。如今走上了教育的长征路，开启一场不后悔、不放弃的爱的修行。

还记得在刚工作不到两个月的时候，学科主任冯书丽老师告诉我，作为新教师最快的成长方法就是进行“五个儿工程”。说实话，当时不明白这到底是什么，通过查阅资料我明白了：教育要有心，教育要用心，每天要和几个孩子说几句话，交流交流，给几个孩子讲几道题，问问每天的学习情况，每天看几页书，反思反思自己的教学，让自己的每天都过得有意义。其实，有些事我天天做，但是有些事却被我忽略了。

我负责四年级三班的数学课及四年级三个班的科学课，工作量大，学生底子弱，学困生多。一进入教育行业就被安排上这样有挑战性的任务，真是压力很大，加上经验不足，把控课堂纪律成了我的难题。每每课上学生说话捣乱，不专心听讲，不能按时完成作业，我都会发怒。大发脾气成为课堂中的常态，经常在课堂上大声呵斥犯错的学生，本想起震慑作用，却没有效果。一次次地受伤，一次次失望，我很苦恼，于是主动找到了有经验的班主任交流，班主任告诉我：“你尝试正面引导，你夸夸表现好的孩子，这样会带动很多人，你越是批评他们就越是烦躁，多夸夸他们会有改变。”听完这些话我突然意识到，我真是一个“吝啬”的人，回想一下，我为什么每天都在盯着那些犯错的学生、有缺点的学生，我夸他们的次数太少了，表扬他们的话语太单调了。李吉林老师在《李吉林与情境教育》书中提到：“教师不经意的一句话，可能会创造一个奇迹；教师不经意的一个眼神，也许会扼杀一个人才。教师习以为常的行为，对学生终身的发展也许产生不可估量的影响。”我深深地反思自己，不禁后怕：我造就了多少个遗憾，刺伤了多少颗童心，遗忘了多少个孩子。从那以后，每当我走进乱糟糟的教室，看到满教室追跑打闹的孩子，我都时刻提醒自己这就是孩子的天性，我静静地站在前面，等着他们安静下来，适时表扬做得好的学生，果然很多学生也会跟着回到座位坐端正。

四年级三班的问题学生还是挺多的，后来我跟班主任了解了整个班级学生的家庭情况，发现很多学生家都是个体工商户。一般情况下没有人管他们的学习，所以有些学生的行为习惯没有养好，就拿我们班白净的惠康平来说，他聪明，字写得很漂亮，但是课上有时候碰到一些难以理解的问题，就容易走神，开小差，成绩不稳定。为了让他改掉这个毛病，我采取了很多方法，软硬兼施，恩威并用，可还是不见效。

一天课间，一群学生跑来“告状”说：“老师，小康上您的数学课的时候给别人写信。”我当时真的很生气，立马叫来了他，询问他是不是在上课的时候写信了，他倒是供认不讳。我原本想发一顿火，把他狠狠批评一顿，但是我突然想到之前看过的书上的话：“每个孩子都有闪光的一面，用欣赏的眼光去看他们，你就会爱上他们。”于是我抑制住批评甚至揍他的冲动，选择了冷静。之前我就从班主任那里了解到，这个孩子是单亲，父母离异对孩子的影响很大，这个孩子心理是有问题的。于是，我缓下语气，耐心地跟他聊了起来，一一罗列他的优点，我说：“你完全可以做好，还可以做得更好。”我没有再继续询问课上写信的原因，我询问他的兴趣爱好，他喜欢编程，喜欢播音主持，还喜欢打羽毛球。我就问他你打得怎么样，他说他喜欢和爸爸一起练羽毛球。其实那一刻我一下子有点心疼这个孩子，父母离异，他一直跟着妈妈，与爸爸相处的时间很少。我们从爱好聊到他喜欢的科目，感觉他越来越愿意说出自己的想法。他说他喜欢英语，我问他是不是不喜欢数学，他可能碍于我的面子，说不是。我继续问他为什么数学课不听课，他说：“因为觉得数学有点难，学不太会，所以就不想听了。”我继续问道：“那你觉得数学是哪些比较难呢？”他忙说道：“解决问题比较难。”……这次的聊天使我走进了这个孩子的内心，后来，我就给他换了座位，他也明显认真听课了。我明显感觉到了他的变化，虽然还时不时需要我提醒。改变，不是一次沟通就能完成的，但我坚信坚持用爱心、耐心、诚心待他，就一定可以看到不一样的他。在后来的日子里，我特别留意他课堂上的表现、课后的作业，时常找他聊天，有他不会的题我会主动找他，给他讲解。慢慢地，他对我有了信任，有时还会主动找我问问题。虽然还没有看到他的成绩提高，但我相信只要我用心陪伴、交流、帮助，总有一天能收获惊喜。我意识到这不正是在实践“五个儿工程”吗？“五个儿工程”给了我方向的指引。

初为人母的我真的很喜欢孩子，虽然经常被这帮学生气到，但是我一刻也没有讨厌过他们，我深深地知道我是喜欢他们的。记得有一次大课间，本应进行跑操，结果组织他们到了楼下才发现，今天的课间跑操活动因下雪取消了。我正准备组织他们回班，突然有一个弱弱的声音说：“老师，我们能不能在雪里玩一会儿？”我顺着声音看了过去，是一张期盼的脸庞。再看看其他孩子眼神里的期盼，我说道：“好吧！”话音还未落下，只见全班欢呼了起来，就连班里的学霸也很开心，那一刻我才意识到，这些都还只是刚满10岁的孩子啊，他们的天性不就是玩嘛。这是陪伴学生第二次玩雪，看着他们一个个高兴地打雪仗，拿起地上的雪就往嘴里放，多么纯真的孩子啊！他们其实还那么小，有时候不能理解老师的良苦用心。他们对老师是宽容的，只要你对他们付出过真爱，即使你偶尔对他们冷言冷语，暴跳如雷，他们也会原谅你，还会崇拜你，爱你。我常常想，我应当对学生宽容再宽容一些。芸芸众生，各有所长，各有所短，可能他们经常无法控制自我的言行，无法很好地完成学习任务，不一定会有辉煌的未来，可是谁说一个平凡的人就低人一等呢？

四、初心不变，继续前行

三尺讲台，道不尽酸甜苦辣；二尺黑板，画不完人生风景。“捧着一颗心来，不带半根草去。”几个月的教师生涯，让我深刻认识到一位人民教师的职责，教师的职责就是点亮学生心中的灯。作为一位人民教师，只有勇于进取，不断创新，才能赶上时代的步伐，取得更大的成绩。作为一位人民教师，只有爱学生像爱自己的孩子，尽情欣赏学生，才能收获人生的幸福。生活，一局落子无悔的棋，一场人喧鼓响的戏，一重波涛万顷的海。我会继续保持我的初心去面对最真的孩子、最充实的工作、最无悔的这场相遇。教育于我，于每一位教师而言，都是一份职责，我们用心教育，这是一场爱的修行。

爱让我幸福

克拉玛依市南湖小学　郝秀琴

总是在内心问自己：“爱是什么？”“五个儿工程”的记录让我感受到：爱是奉献，像太阳将光芒洒向大地；爱是陪伴，像绿叶把花儿映衬得更美；爱是广博，像海洋敞开它宽阔的胸怀包容万物。我愿意做这样一位默默的付出者。

自从张老师提出“五个儿工程”以来，我已经记录三年了。正是“五个儿工程”的陪伴让我在数学岗位上成长，收获了快乐，收获了感动。还清晰地记得担任两个班数学教师和一个班班主任的那一个学期是多么艰辛。那时的我不是在班里，就是正在前往班级的路上。我所带的这届学生是混合编班的第一届，班里有三个维吾尔族孩子，其中一个孩子一点也听不懂汉语。这是我第一次当一年级新生的班主任，虽然心里已经做了很多预设，但现实情况还是让我一度陷入焦虑，是“五个儿工程”让我停下来思考。夜深时，我静坐在电脑前，记录着一天的新鲜事，记录着孩子的成长与变化。那时“五个儿工程”带给我的是心灵的沉淀，我渐渐不再八爪鱼似的管理班级事务，记录让我顿悟：教学与班级管理也可以很好融合，相辅相成。我的心开始变化，对孩子们有了牵挂，我总想去看一看他们，不是因为担心他们调皮，而是真正地爱上了这群可爱的孩子。

印象最深的是小蔓的成长。小蔓是一名维吾尔族小朋友，她就是前面所提到的一句汉语也不懂的孩子。我在课堂上对她的关注比较多，课下也经常走到她身边，简单地说两句。起初我不问她课堂内容听懂了没，只是竖起大拇指说：你今天很棒！或者摸着头说：你真可爱，小蔓……我能看到她眼中掩饰不住的惊喜。她喜欢我，愿意把练习册交到我办公室了。虽然拿来的作业满篇错误，但即使对一道题我也会毫不吝啬地奖励她一朵小红花，或者一个笑脸。在这里我要感谢我们班的援助古丽老师。我和小蔓越来越融洽的交流，离不开她的翻译。还清晰地记得第一次班队会，那次的主题是“感恩”，大家都在说着对父母、老师及亲友的感谢和祝愿。轮到小蔓的时候，她首次在课堂上用不太清晰的汉语说出了“妈妈”，后面的话是维吾尔语。虽然我听不懂，但小蔓那清澈而富有灵气的大眼睛已经告诉了我们她对妈妈的满满祝福。我们全班同学持久而热烈的掌声让小蔓开心了好久。

经过三年的相处，小蔓已经融入了我们的班集体，班里的活动她不管能不能听懂都在参加。听班主任老师说孩子的父母现在越来越重视孩子学汉语，虽然他们自己也不会说，但会主动买很多帮助她学习汉语的点读机、光碟、书本……现在计算对于小蔓来说已经不是问题，其他的题型只要我给她讲解一道例题，她就能迅速完成其他类似的题目。那天下午她去母语班上母语课，可是迟迟不离开教室，我很疑惑，问她为什么，她指着练习册，嘟嘟囔囔地：没改呢！我明白了，她想让我给她改完练习册。可那时母语老师在催，孩子眼睛里带着遗憾走出了教室。我赶忙走上前抱住她：你先去上课，我给你改着。等你回来哦！无论她是否能听懂，我都不想让她有一丝不快乐，我希望自己的点滴行为，能使她受到鼓励！第二天早上到校后，我正在办公室准备上课内容，这时保安打来电话：“郝老师，你们班的小蔓没带数学书，又没有校讯通，正在一楼哭呢，我已经把她带回教室了。”我一听拿起数学书冲到了教室，看到小小的她站在教室里，眼睛还是红红的。“宝贝，你没有带数学书吗？”边说边摸她的头安慰她。她不好意思地笑了。我把手里的数学书往她桌上一放，说：“这节课你就用老师的！”她笑得更开心了。她捧起数学书，左看右看，爱不释手。拿起自己的数学书让我看，说“带了”。我问她：“那么你还哭什么？是不是忘记数学书老师昨天收走批改了？”她笑了。看到小蔓开心的笑脸，我的心敞亮了。为了让她有一个好心情，不影响一会上课的质量，我趁热打铁：“小蔓，你来教老师维吾尔语好不好？我也想学学你们民族的语言。”

小蔓乐了：“好。”

我：“小蔓，数学书用维语怎么说？”

小蔓回答。

我：“那么，好心情呢？”

小蔓：……

就这样，我们在愉快的氛围中度过了课前的5分钟。在接下来的学习生活中，她也用自己的努力向我证明了她对汉语的热情、对数学的热爱。上学期期末考试她考了86分的好成绩，父母、同学更加喜爱这个天真烂漫、勤奋好学的小姑娘。

现在的我已经习惯每天观察她的变化，时刻记录她的成长。看到她的进步，我的心里充满了喜悦，同时为她的努力而感动。相信在6年的相处中我们一定可以成为“一家人”。滴水穿石，不是因为力量，而在于锲而不舍。因为坚持，我们在这个和睦的“大家庭”里，会收获更多的惊喜。

“赠人玫瑰，手有余香”，当我们关爱别人时，内心也会充满快乐。感谢张连勇老师提出的“五个几工程”，让我更加明白教师这一职业的神圣，让我能真实走进孩子们的世界，感受他们每日的进步，我愿与班里的30个孩子，在实践“五个几工程”的路上，继续前行！

爱一朵花，就陪它一起绽放

克拉玛依市南新小学　鲍薇

和煦的春风，潇潇的春雨，萌芽的小草，还有早开的迎春花。春天是个播种的季节，人们用自己的双手播种着坚定信念和希望，播种着真挚的情和无私的爱。不敢去刻意追求什么，只是希望所有美好的开端都有一个美好的结局。

自从张连勇老师提出“五个儿工程”以来，雅小的每一位年轻教师都积极参与，认真记录自己的“五个儿工程”。我校姜巧娜老师一学期记录五万多字，成为我们年轻人的楷模，曾秀英、李娜老师记录得也非常详尽，而我关于“五个儿工程”的记录字数虽然不是最多的，也饱含真情。翻看自己的记录时，不免由衷感叹，感叹曾经说过的话，曾经经历的事……

四年级的时候，我们班转来一位新同学小辉。经过两周的观察，我发现这个孩子几乎没有什么数学基础，已是四年级的学生了，20以内的加减法都不过关，乘法口诀也背不下来，甚至连一、二年级最简单的求“一共是多少”“×比×多多少”的问题也理解不了，了解到此，我的心已凉了半截。

小辉在课堂上总是沉默寡言，即使是在课下，也不爱跟同学一起玩耍，总觉得他少了同龄人的朝气。我想他的学习成绩肯定与他孤僻的性格有关，而性格的形成又必然与家庭氛围密切相关，于是我决定了解一下他的家庭。

起初，我采取电话沟通的方式，把小辉在学校的表现如实反映给家长，他的爸爸在电话里很是感谢老师对孩子的关心，并且表示愿意配合老师把小辉的成绩提上去。挂断电话，我很是欣慰，孩子的成绩虽然不理想，但好在有一个通情达理、有责任心的家长。电话沟通后的几周里，我一直默默观察小辉，没有丝毫起色，内心顿感失落，可是责任心告诉我，不能就这样放弃。

这一次，我决定家访。其实，我家访的目的很简单，就是让他的家长感觉到我的诚意，我不想放弃这个孩子，我要把他扶起来。通过与他爸爸的交谈，我了解到，由于父母离异，小辉一直跟着爷爷奶奶生活，直到转学后，才回到爸爸身边。特殊的成长经历，导致他的性格冷漠孤僻。面对这样的情况，除了同情小辉，我能做的就是竭尽所能给予他温暖，可能他会排斥，但我也要去释放我的热量，让他觉得这个寒冷的世界还有那么一丝温暖！

回到班里，我找了小嘉和小琪两个孩子。这两个孩子不但有优异的成绩、良好的品质，还拥有一颗善良的心。我把小辉的经历告诉他们，这深深地触动了他们的心灵。与他们商量后，我们一同制订了拯救计划：

（1）走进心灵。两个孩子花点时间走进小辉的心灵，了解小辉心里所想，帮助他强大自己的内心。

（2）主动沟通。小辉不愿与人沟通，就需要这两个孩子主动一点，下课主动找他聊天，课间主动拉他一起去运动，生活中主动关心他。

（3）帮助提醒。学习上，两个孩子时时提醒小辉端正态度、认真听讲。

（4）以书养情。我为小辉准备了一些培养情商的书籍。苏霍姆林斯基说："不管孩子难教到什么程度，都必须使他学会思考。书籍应当成为他欢乐的源泉。书里的话应当进入他的精神世界，成为他的个人财富。"既然小辉不愿意与我进行语言对话，那么就让他与书籍对话。我坚信，只要他走进书籍，总有一天，他的心灵会慢慢强大起来。

在计划进行过程中，我发现对小辉来说订正错题是最困难的。无论何时，他总是被留到最后。看得出，他的内心也很着急。再三斟酌下，我为小辉配了一个有耐心、思路清晰、说话有条理的小老师。可是，由于他的基础实在太弱，小老师如何讲也讲不通，久而久之，小老师没有成就感，耐心逐渐消磨殆尽，而小辉由于听不懂，更是垂头丧气。我意识到，要首先帮他树立信心。

在学习的知识还不是很多、学习压力还没有那么大的情况下，我每天利用一节课时间，带着他把今天要在学校完成的练习做完。即便一道题一道题地讲，也不能保证他全会，但至少完成了当天的练习任务，他在思想上会觉得轻松些。有些难题我会在自习课上为所有同学讲一遍，他听了两遍，就算不能完全掌握，多多少少也会理解一部分。最主要的是，他可以跟大家一起放学，只有这个时候，才可以看见他久违的笑容，就这样逐渐树立起他的自信心。虽然这样很辛苦，不过现在想想，都是值得的。

我还要帮他“笨”鸟先飞。带他做完练习后，就带他预习一下明天要学的内容。果然，第二天上课他变得很积极，只要他举手，我都会叫他回答问题。因为无论对错，都证明他在思考。每次看到他举手，我的内心都是欣喜的。

这样的努力终于在一次单元测试中初见成效。一般考试都是十几分甚至个位数的他，这次竟然考了四十多分，虽然离及格线还差得很远，但我已经很知足了。我在课上狠狠地表扬了他，并给他颁发了小奖品。其他同学也认可我的做法，还由衷地把掌声送给他。确实，小辉的努力，大家也看在眼里。

我想尽办法让他肯定自己，相信自己能学好。及格对他来说是件很难的事，但是我要让他体会及格的滋味。所以，每次考完试，我都会对他的试卷判得适当松一些，打上60分。他看到自己及格了，虽然觉得不可思议，却十分高兴，学习上也更加努力。

尝到了学习的甜头，小辉学习上也变得主动了。有时候真的太忙了，找不出空闲时间给他讲讲题，他会主动拿着书本来找我：“老师，这节课，我不想去上了，我能不能留在班里做题？”听了这样的话，我真的特别感动，这句简单的话久久回荡在我的脑海里……将心比心，我的良苦用心他还是能感觉到的。做题累了的时候，我会给他看我记录的“五个儿工程”，都是他熟悉的人、熟悉的事。要是看到他自己的名字，他还会傻傻地笑出声来。看着他笑，我也笑了。

除了给小辉看我记录的“五个儿工程”，我还会时而在班级分享一下。孩子们看到自己的名字出现在老师的记录中，会觉得这是一种莫大的荣耀。每个孩子在课堂上都表现得异常积极，希望自己特别的表现能被老师记录下来。

坚持记录“五个儿工程”，也培养了我的耐力和韧性，正是这样的耐力，使得我对学生更有耐心。我的每一个学生就像一朵朵美丽的小花，如果你喜欢花，你会摘下它，如果你爱花，你会给它浇水。我会用心浇灌我的每一朵小花，陪它绽放出绚丽的花朵！

猜猜我有多爱你

——我讲我的教学故事

克拉玛依市实验小学　陈苗苗

经典绘本《猜猜我有多爱你》讲述了小兔子和大兔子尽可能地找出一种可以衡量爱的东西，把自己的爱表达出来的故事。这让我想到自己学习和实践的张连勇老师的“五个儿工程”，它也要求在教育教学中把爱表达出来。

在教学中，我也在寻找衡量爱、表达爱的途径。张连勇老师提出的“每天和几个学生说几句话，每天赏几个学生赞几句话，每天给几个学生讲几道题，每天析几种错题读几页书，每天留几分钟反思几件事”，正是指导我们每一位教师在润物无声中将爱传递给学生，同时感受学生对学习、对老师的爱。

从学校毕业后，我怀揣对教育事业的热爱和满腔的热情走上了教学岗位，成为一名人民教师，在教书育人的这条路上走过了24个春秋。通过多年的教学实践我感受到，爱是成功教育的基础，爱赋予了教育事业独特的魅力，只有从内心深处发出的爱，才能真正打动人，感染人。

她叫古丽，是我班上的一名维吾尔族学生。有一天，我上完课，班里的学生都冲出教室玩去了，只有她一言不发乖巧地坐在座位上。我心想，她已经转来一周了，应该和同学们融为一体了啊，为什么不和同学一起玩呢？我问她：“古丽，你怎么不和同学一起玩呢？”古丽用很生涩的汉语对我说：“老师，他们不和我玩。”我说：“你主动和同学们交流，大家就愿意和你一起玩了呀。”古丽说：“他们说的话，我有时候听不懂。”我一下子明白了她不和同学玩的原因。我赶紧问她：“老师讲的课你能不能听懂？”她说：“能听懂一些。”通过这次对话我意识到古丽对汉语一知半解，所有的课程都会耽误。从那天起，我每天都会特别关注她，下课了，我会抽出时间给她讲题，看她的作业是不是写对了，辅导她订正错题。上课时，我会提一些简单的问题让她回答，刻意锻炼她、鼓励她说汉语。慢慢地，我们建立起了信任。有一天，她在我的办公室订正完错题，准备回家。临走时，她说：“谢谢老师。”并且深深地鞠了一躬。当时，我有一种电流穿过身体的感觉。我叫住她说：“古丽，我们聊一会儿天好吗？”她用懵懂的眼神看着我，点了点头。通过这次聊天我得知她的爸爸在油田工作，妈妈从南疆来到克拉玛依，至今也没有工作。妈妈刚来时不会汉语，在家里说的都是维语，所以她的汉语也不好，如果上课听不懂，回到家里爸爸妈妈也辅导不了她。通过一次次的沟通、一次次的交流，我慢慢走进了古丽的心里，帮助她学汉语，引导她树信心，辅导她解难题。经过一学期的努力，在老师和同学的眼里古丽不再是沉默的孩子，学习成绩也有了很大的进步。

2019年，因工作需要，我中途接手了五年级一班的数学课。小潘是我班里的一个“调皮鬼”，上课时小动作百出，一会儿和这个同学说话，一会儿发怪音逗得同学们哈哈大笑……每次上课都因为他捣乱要维持课堂纪律。经过几次“交锋”，小潘虽然有所收敛，但是好了没两天，老毛病又犯了。

有一次单元测验，小潘在考试中作弊被我逮了个正着。我心想：平时家庭作业完成得还不错，所有题的解题思路都是对的，他怎么会在考试中作弊呢？带着这个问题，我又和小潘进行了一次“较量”。

“小潘，老师看你平时的家庭作业都完成得不错，这次试卷上的题目和我们平时做过的练习差不多，应该能考出不错的成绩，你没有必要作弊呀。”小潘低着头，小声地说：“有时我的作业也是在网上搜的。”我说：“在网上学习，也要吃透问题，你有哪些知识点没有掌握可以问老师，问同学，知识记在脑子里才是自己的。”“因为我上课捣乱，总是影响别的同学学习，我不好意思问他们。我也害怕问老师。其实，我捣乱也是想让同学和老师注意到我。”小潘说。原来是这样，我抓住时机说：“得到大家的关注与喜欢，有很多的方法，比如力所能及地帮助同学，关心集体，不影响同学的正常学习，在与同学交往中不斤斤计较，这些都能让你引起同学们的关注。当然，做个‘调皮鬼’，引起同学、老师的关注是来得比较快，但是这样的关注是你想要的吗？”他低头想了一会说：“不是，老师对不起，以后我再也不捣乱、抄作业、考试作弊了。”“老师接受你的道歉，相信你也能勇于改正错误，这次考试你作弊影响了班级的集体荣誉。如果你主动承认错误，做出检讨，我相信同学们一定会接纳你的。”第二天，我进班准备上课时，发现讲桌上放着小潘同学写的检讨书。我望向小潘，小潘站起来主动向全班同学作了检讨。我借机表扬了小潘敢于承认错误，主动作出检讨，同学们也对小潘的勇气表示了原谅和赞赏。这次过后，“调皮鬼”小潘课堂上捣乱的情况少了，学习成绩也逐步好了起来。

通过实践张连勇老师提出的“五个儿工程”，我和学生逐步建立了互信、互通的交流平台。只要学生在学习和纪律方面有进步，就及时赞赏学生，逐步帮助学生树立积极向好的意识；只要学生在课堂上表现反常，就及时和学生聊天谈心，准确掌握学生的心理状态；只要学生遇到难题，就及时为学生答疑解惑，努力帮助学生明晰解题思路；只要自己有闲暇的时间，就及时反思教学过程中的问题，不断提升讲课的技巧。深入了解学生、关爱学生，为我在教学过程中因材施教奠定了基础。同时，学生对我的信任，也让我的教学更加得心应手。

24年的教育生涯，有辛酸也有感动，有失落也有收获，看着教师节、元旦等节日学生亲手制作的一张张祝福卡片，那奔涌的感动淹没了片刻的辛酸，看着学生一个个以优异的成绩走出校门，那满满的收获化解了曾经的失落。

叶圣陶先生曾说：“捧着一颗心来，不带半根草去。”这正是对教师无私奉献的描述。作为一名教育工作者，只有及时发现学生的优点，纠正学生的缺点，始终坚持一切为了学生、一切为了教育的初心和使命，全心全意地去爱学生、爱教育，才能赢得学生的爱，才能在教育中获得成就感和满足感。

爱和宽容润物无声

克拉玛依市实验小学　郑予霞

我相信这样一句话：“给孩子一个微笑，他会给你一个明媚的春天。”它时刻提醒我，要关爱学生，因为只有在爱的雨露下成长起来的孩子才是健康的。

班上有一个哈萨克族小男生——小特同学。他贪玩调皮，惹是生非，人人见了都摇头，令人头疼。课上，他不注意听讲，开小差，做小动作，还影响别人，玩个不停，学习主动性很差。课后作业不做，即使做了也做不完整，书写相当潦草，学习成绩自然不用说了。

我经常找他谈话，劝他以学习为重，按时完成作业，争取做一个同学喜欢、父母喜欢、老师喜欢的好孩子。他开始是一副爱理不理的样子，后来口头上答应了，可一转身又一如既往，毫无长进，多次留下来批评也好，苦口婆心教育也好，不见有多少起色。与家长联系沟通后，家长也在家多次批评教育，但效果不大。看来这位学生不吃这一套。我努力地寻找他身上的闪光点，可真像在沙堆里找金子一样难，有时我的心都冷了。

一次偶然机会，在学习“观察物体”时他第一个根据物体侧面画出这个图的立体图形。当时只是像平常一样表扬了他，并没抱多大希望。没想到对他还是有一点点触动的，在这堂课上他对自己有所克制，有一点进步。

这可是难得的好机会！我了解到他十分喜欢画画，就推荐他做了美术课代表。他非常热爱自己的工作，及时地收发作业，得到任课教师的认可。

不知不觉中，他对我多了些尊重，数学课上开始频繁发言。他还是有一定口头表达能力的，于是每堂课我都不忘让他发言，并给予鼓励。当他得到十分渴望得到的五色卡外加一颗巧克力时，满脸笑容，十分自豪。看到这一情景，我也感到欣慰。平时，我帮他整整衣服，理理书包，嘘寒问暖，谈谈家常，交流想法。一个月过去了，我发现他做事更认真了。看到他的点滴进步，我由衷地感到高兴……

“如果长期坚持这样，他会开花吗？”有了这个想法，我除了在思想上教育他、感化他，还找班主任协商特意安排了一个责任心强、学习成绩好、乐于助人、耐心细致的同学跟他做同桌，并充分利用课余时间或课堂时间帮助他、教育他。在同学们的帮助和他自己的努力下，他在各方面都取得了不小进步。他学习上更努力了，更遵守纪律了，成绩也有了很大的进步。上学期期末考试，他数学取得了88分。后来，有一次我找他谈话时，他说：“老师，我会好好学习的。”我笑着说：“你长大了，懂事了，进步了，我真替你高兴。”

第二学期，就在开学的第一周的班会课后，我刚走进教室准备布置作业，他就拉着课代表，确切地说是拖着来到我跟前：“老师，她有话跟你说。”他推着课代表急切地说道。“我才没有，我不换，老师，是他自己想跟你说。”课代表委屈地解释。“哦？究竟怎么回事？”小特同学十分扭捏，两手不停地拉扯自己的衣角，小声道：“这学期我想当数学课代表。”“为什么呢？”“我就是想当，我都没当过，让我试一次嘛！”“课代表又不是谁想当就能当的呀，是吧老师？”课代表翻了他一眼。“可老师不是说她不看分数看过程吗？是你说的吧，老师？”“是呀，我是这么说的。”“我现在都好很多了，是吧？让我试一次嘛，她都当了一学期了。”他开始在我身上蹭。看着他俩你翻他一眼，她瞪你一眼，我心中好笑：“就为这，至于吗？”因为要开会了，又因为课代表没犯错，总不能因为他一句“我想当”就把人家给撤了吧，再者说，就小特同学目前的表现来看，还差得远呢。但为了不打击他的积极性，我只好说：“这样吧，先把收发口算作业和早读的任务交给你。”“啊？这么少？把她撤了嘛。”“小特同学，聂同学一直是课代表，而且她做得很好，除非她自己辞职，否则我无权撤免她，那样对她不公平。把收发口算作业和早读的任务交给你，我还都没和聂同学商量，这已经对她不公平了。而且，我现在要去开会，因为我就要迟到了，现在你要么接受，要么等明天全班表决，你看怎么样？”“好，好，那我就勉强接受吧，你说话算数，不能换了！”“今天的作业让我写。”像怕被抢走一样，他挤开聂同学已冲到黑板前等着将家庭作业写在黑板上了。

在“差生”的心灵深处，种下一粒温暖而充满信任的种子，它一定会生根发芽开花结果。教师要对学生进行有效的教育，就必须尊重学生，倾听学生的呼声，了解学生的疾苦，知道他们在想什么，做什么，有什么高兴的事，有什么忧愁的事，他们学习中有什么成功的地方，有什么困惑，是方法的问题还是心理的问题，是习惯问题还是基础问题。对这些问题有比较清醒的认识，就可以对症下药，有的放矢。

在“五个儿工程”教育理念的指导下，老师和学生都在悄无声息地发生着变化。只要老师相信每一个学生都是金矿，都能成为杰出者，及时发现他们的闪光点给予赏识激励，学生就会在老师平等的关注下创造奇迹。

中篇

育人有方，春风化雨润泽心田

润物无声，静待花开

克拉玛依市第二小学　韩蕊

有这样一则寓言故事：北风和太阳比赛，看谁先让行人把大衣脱下来，北风用尽浑身解数也没能把行人的大衣脱下，而太阳却毫不费力地赢了。你能想到太阳取胜的方法吗？是的，太阳用自身的温暖让行人脱下了大衣，战胜了北风。这则寓言故事告诉我们，作为老师要巧妙利用自己的身份，用真情，用真爱，赢得学生的认可和尊重。

我们班的小林同学，性格傲慢，总是认为别人都不如他，他什么都可以做好，但自控能力很差，也不知道怎么表达自己的情绪，爱发火。对于这么一个让人头疼的孩子，我不知道该用什么办法应对。有幸听了市教研所张连勇老师提出的“五个儿工程”，之后的一段时间里我就开始对“五个儿工程”进行记录。随着记录的一天天增多，我突然有了信心，牢记“每天赏几个学生赞几句话”。但“四导”教学铺开后，上课思维活跃、爱回答问题的小林却成了我的一大困扰：选他做组长吧，他的组织能力很差；不选他当组长吧，他回答问题又很好。经过一段时间的观察，我看到他还是很主动，很聪明的，想法又很多，回答问题也很好，就希望他能带动其他学生学习，于是选定了他做小组长。刚开始他很排斥身边的小伙伴，不愿意和同伴合作，也不愿意把自己的想法告诉别人。同学们都说他很自私，他也无所谓，就是不想给同学讲题，久而久之其他同学就不喜欢接触他，也不愿意跟他玩了。发现这一点后，我就每天在班里赞几个学生，让大家互相说说对方的闪光点，每次都会点到小林，有意让班里的每个学生找到他的优点。

新课改明确规定，教师要蹲下身子欣赏学生、倾听学生、面向学生，要和学生一起成长。每天和几个学生说几句话——我会叫来一些学生聊聊天，在聊天中引导学生正确地对待同学关系，对待学习，并且利用数学探究活动给他们发奖品激励他们学习。

每天给几个学生讲几道题——每次上课后，班里总是有部分学生对所讲的知识似懂非懂，所以课后我都会叫几个学生来讲题。在讲题的过程中，我发现小林其实很爱讲题，后来我把这些学习有困难的学生分成两组，交给他几个中等的学生，我负责比较吃力的学困生。每周五我们会利用数学课5分钟的时间分别派出我们教的组员来比赛讲解同一道题，接到任务后小林很兴奋，还向我保证一定会教好同学。

一个星期过去了，小林一直坚持给组员讲题，他变得有耐心了，也不再排斥与大家一起讨论问题了。但由于他的性格，其他同学不愿意接受他的帮助，我就经常与他交流。他告诉我，他很愿意帮助别人，也喜欢跟同学们玩，只是不知道怎么表达，不知道该怎么做才能让别人喜欢他，所以就装出一副无所谓的样子。了解情况后，我每天叫他来身边，告诉他主动去找别人讨论，面对问题纷争时多听别人的想法，听完后再说自己的想法，要与身边的同学互相帮助。通过当小老师，他改变了很多，不再像当初那样目中无人了，上课守纪律，也会跟其他同学交流了。

每天用几分钟反思几件事——生生互导是课堂中最让我欣喜的。学生把难理解的知识用他们能听懂的方法来讲解，课后我会把学生讲题的过程记录下来，研究他们的讲解方法，每次都能让我有新的发现，然后用学生的方法再次讲解，效果都很好。让我最感动的是，有一次下课后小林跑到办公室说："老师，您辛苦了！教我们班那么多同学，依旧那么有耐心，我当小老师这段时间真实地感受到了当老师的不容易。"听到这话从孩子的嘴里说出来，我更加坚定了自己当初的选择是正确的，润物细无声，此刻我知道了这朵花儿正在悄悄地开放。

小林改变了，慢慢地其他学生开始喜欢他了，喜欢听他讲题，喜欢和他讨论，喜欢他为了一道题的解法和同学们争论得小脸涨红。学生天性爱玩，一玩就很难再收回来，但是我们只要肯放手，让学生自己去探究，去感受数学的趣味，通过动手操作得到很多结论，我相信会有更多的学生慢慢改变，慢慢绽放。

每天析几种错题读几页书——只有真正找到学生的出错点，才可以更好地教会学生学习方法，所以我会把学生出错较多的题型记录下来，反复利用错例分析错因。但我也需要大量的知识来丰富自己，安静下来后我会读读自己感兴趣的书籍，从书中汲取能量。

坚持“五个几工程”让我听到了花开的声音，每一朵可爱的花都在绽放，一朵朵绚烂多彩的花终将绽放出耀人的光彩，我也期待着我们大家庭里的每个学生都能快乐地成长！

精心耕耘，收获喜悦

独山子区第一小学　薛丽萍

时光飞逝，花开花落，一届一届的学生来了，又走了。时光匆匆，转眼间我在三尺讲台上已经耕耘了14个年头。2012年张连勇老师提出的改善师生关系的“五个儿工程”，为我的数学教学指明了方向，让我从几年前的无从下手成长为现在的得心应手，让我真正走进了学生的心里，收获了“五个儿工程”带来的这份成功的喜悦。

6月份的毕业季又要来了，我庆幸自己所带的两个班的数学成绩一直名列前茅。去年开学初，我和插班生都同学之间的故事仍让我记忆犹新。开学第一天，刚下第一节课，班里的几个活泼好动的学生就一起冲进办公室，争先恐后地说：“薛老师，我们班从乌苏转来了一位新同学，你快到教室看看吧！”说着一个人帮我拿教案和课本，另外两个人把我拉进了教室。我在教室巡视了一周才发现坐在教室第三排那个个子不高、皮肤黝黑的小男孩。我走过去主动和他打招呼，发现他有些紧张，还有些害羞。上课了，其他学生和往常一样认真听课，积极回答问题，只有都同学坐在自己的座位上面无表情，一言不发。我觉得他可能不太适应新环境，过一段时间熟悉了就好了。可是让我没想到的事情发生了，一个星期后他没有丝毫改变。我向其他老师和班里的同学了解情况，学生一致反映，都同学除了喝水、上厕所就一直静静地坐在座位上，独来独往，从不与他人交流。得知此事后，我主动与都同学的爸爸妈妈联系，才知道都同学是收养的孩子，但他们对都同学百般呵护。因为出生时少量缺氧，都同学好几岁才学会说话，比别的孩子晚两年才上学，成绩也不是很好。得知这些情况后，我第一时间想到了“五个儿工程”，它在其他学生身上收到了显著效果，也一定能唤醒都同学的心灵。

一、关爱促感情

教师首先要是一个充满爱心的人，没有爱心就没有教育。在实践中，我对学生倾注了浓浓的爱，但有时“爱之切切，应之寥寥”，并没有取得理想的教育效果，甚至使学生的逆反心理更强了。这让我明白，仅有爱是不够的，作为教师，必须让学生读懂你的爱，让你的爱走进学生心灵，促进学生健康成长，达到“爱之切切，应之深深”的教育效果，实现有效关爱。就像都同学，家里条件不好，又是插班生，刚好学校在搞结亲交友活动，我就和他商量结为好友，开始他并不主动和我交流，课间我和他一起踢毽子，下象棋，玩解绳子，慢慢地我们之间不陌生了。冬至那天，班里举行包饺子活动，我教他包饺子，煮饺子给他吃。几天后，下午放学他来到办公室悄悄告诉我：“薛老师，告诉你一个好消息，我爸爸要把妹妹从甘肃接回来了。”他说话的语速很慢，面带微笑，很显然他期待妹妹能回来陪他一起玩。看到他的变化，我很欣慰。关爱学生，关心学生的成长，努力成为学生的良师益友，才能成为学生健康成长的指导者和引路人。

二、鼓励树自信

学生的自信，必须得到老师的认可，每位学生都需要不断鼓励，就像植物需要阳光、雨露一样。赏识学生，让学生生活在鼓励中，他才能树立自信。都同学的父母文化水平有限，很少与孩子进行情感交流，导致都同学内向、不自信。为了帮他树立自信，我特别注意发现他身上的闪光点，课堂上简单的问题，我总是先让他回答，并及时给予表扬和鼓励。在他的作业本上，我每天写几句简短的话语，如“今天的作业书写很漂亮，加油！”“我看到了你的进步，继续努力！相信你能行！”“宝贝，你是最棒的！”。这些鼓励的话语让他有了前进的动力。在11月23日的作业中，我欣喜地发现了他给我的回复，虽然没有言语，但从他画出来的笑脸中，我明白了他对我的认可。在后来的日子里，他听到我的表扬，脸上就会露出甜甜的微笑，他的自信心逐渐增强了，我们交流的次数也多了。

三、讲解提成绩

由于语言的障碍和数学基础的薄弱，加上新知识不能完全理解，都同学的成绩并不理想。于是，我利用每天课余时间给他讲解家庭作业，这样每天几道基础题，坚持半个学期终于有了成效。期中考试都同学的数学考了68分，功夫不负有心人，我的付出终于有了回报。

四、读书强素质

阅读丰富理念，理念引领提升。作为一名教师要提高自己的人文素养，首先要积极阅读和加强学习，在阅读中思考、积累，丰富知识，拓宽视野，提高思想高度，增加思维的广度和深度。除了与教学有关的书籍，我们还要更多地阅读经典，从而提高自己的人文素养。我们可以通过网络进行学习、查阅，不断提高自己的信息素养；积极实践、创新，积累经验，不断思考、总结，改进教学方法，把学到的理论知识应用于“五个儿工程”的实践中，提高教学艺术水平。

五、反思中收获

反思是教师成长的必经之路。只要有行动，就有收获；只要有反思，就有提升。一学期结束了，我和都同学在“五个儿工程”的实践中都有了自己的收获。是“五个儿工程”让我真正地走进了他的心里。在今后的教学生涯中，我将继续践行“五个儿工程”，收获更多的喜悦。

邂逅“五个儿”，加深师生情

——我的教育教学故事

独山子区第一小学　余红萍

第一次走进一小的校园，看着眼前这群稚嫩天真的孩童，听着甜美而真诚的问候，我的心头涌上一股暖流，传遍全身。学生多么可爱，多么有礼貌呀！和他们在一起的日子一定是美好而温馨的。学生的纯真激励着我用一颗仁爱之心守护他们。

每位教师都希望学生对自己多一份亲近、喜爱与信任，这就需要我们躬下身来主动亲近每一位学生，照亮他们的精神世界。具体该如何操作呢？张连勇老师提出的“五个儿工程”给我们指明了方向，“每天和学生说几句话，每天赏几个学生赞几句话，每天给几个学生讲几道题，每天析几种错题看几页书，每天留几分钟反思几件事”，做好这些脚印工程，就能改善师生关系，更好地开展教育教学活动。

一、循循善诱，静待花开

教育就是不厌其烦地引导与纠正，师尽心，生进步，师生同成长；生成才，师成功，师生齐发展。我新接的一年级班上有一个小女孩小萱，沉默寡言，闷闷不乐，没有一点6岁小孩活泼开朗的样子，只是静静地坐在自己的座位上，从不与他人交流。我主动联系了小萱的爸爸妈妈，了解她的家庭情况。她的爸爸是一名出租车司机，妈妈是蛋糕店的服务员，每天都忙到深夜才回家，他们回到家时她已入睡。在家父母很少与她交流，偶尔回家早些也只管她吃饭，吃完饭就各自玩手机，对待学习问题就是暴力解决，缺乏亲子之间的沟通。学前教育和家庭教育的缺乏，使得孩子性格内向，学习吃力，作业难以按时完成，尽管学校提供了延时服务，也只是杯水车薪。

我不愿意放弃任何一个学生，便利用课间和早读时间给她进行一对一辅导。我发现她的内心深处是非常缺乏关爱的，辅导时她非常乖巧，每写完一道题，她就无声地拽拽我的衣袖让我检查。当我想摸摸她的脑袋夸夸她时，她总会下意识地抖一下，她是那么谨慎而小心，小心得让人心疼。她是多么需要关心和爱护呀！我第一时间想到了“五个几工程”，这一定能让小萱敞开心扉。

我每天抽时间和她说几句话，从交流中我知道了她喜欢画画。我也让班里的学生主动和她交朋友，带她做游戏。课堂上遇到简单的问题就请她回答，帮助她建立自信；小组活动中也让组员多给她展示的机会，并抓住一切机会表扬她。作业本上，每天写几句简短的话语：“今天作业写得有进步，加油！”“你今天数字写得规范饱满，保持哟！”“你这几道题做得很好！”“我看到了你的进步，继续努力！”“相信你能行！宝贝，你是最棒的！”。这样一次又一次的鼓励，让她有了前进的动力。

老师亲近学困生，学生就亲近学困生；老师亲近弱者，学生就亲近弱者。渐渐地，小萱脸上有了笑容，这学期的作业大部分都能在校完成，没写完的回家也能主动补完，偶尔还会主动找我给她辅导作业。小萱的变化让我体会到：每个孩子都是种子，只不过每个人的花期不同。有的花，一开始就灿烂绽放；有的花，则需要漫长的等待。是花就有自己的花期，细心地呵护每一朵花，慢慢地看着它长大，陪着它沐浴阳光风雨，这何尝不是一种幸福！

二、鼓励表扬，建立自信

表扬是一种最平价、最容易使用且最有效，也最容易被人们忽视的激发学生学习动机的方法。对有短板的学生，我们要充分理解他、鼓励他，使他相信自己能“行”，从而获得成功的体验，认识自己的长处，将自身潜力最大限度发挥出来。这不就是张连勇老师提出的“每天赏几个学生赞几句话”吗？我在小峰的身上收到了意想不到的效果。

小峰是我们班的一名哈萨克族小男孩，他没上完幼儿园大班就直接上了小学。他的家长是社区工作者，平时工作忙，孩子的学前教育基本为零。不适应小学生活，上课坐不住，没有要写作业的意识，总是在学校补作业，久而久之，他失去了自信。

于是，我开始想办法让小峰快速适应小学生活，找回自信。我仔细观察这个孩子，发现他回答问题时声音洪亮。我抓住这一点，课堂上让他回答问题，并及时表扬他：“我们回答问题时就要像小峰一样声音洪亮，让全班同学都能听到。”慢慢地，小峰进步了，课堂上经常能看到他高高举起的小手，作业也能按时交了，数字也写得规范了。这让我想起了一句教育名言：不是从孩子身上看到了希望，我们才相信孩子，而是我们相信孩子，才能看到希望。

三、春风化雨，润物无声

著名教育家夏丏尊曾说过：“教育没有情感，没有爱，如同池塘没有水一样。没有水，就不能称其为池塘，没有爱也就没有教育。”班级中的学困生更需要获得公平、公正的教育，更需要来自老师和同学的关爱。作为老师，我们应该关心所有的学生，让他们享受公平的爱。小含是我新接的一年级的学生，每天哭哭啼啼、抽抽噎噎的，问她什么原因，她总是哼哼唧唧，听不清说的是什么。课上课下她都低着头，埋到书桌上，放学也走得很慢，接她的家长她也看不见，家长叫几遍都听不到，好像生活在自己的世界里一样。而她正好是我的交友对象，我打算抓住一切机会与她建立起良好的师生关系，改变她爱哭的毛病。

经过观察了解发现，她默写生字写不上来哭，英语不会读哭，小黄帽忘戴了哭，数学作业写得慢哭……这是为什么呢？原来她是上进心强，什么事情都想做得很好，但自己的能力有限，一时做不好就着急地哭。针对这种情况，我主动找她谈心，发现她没有时间观念，写字速度慢，思考问题慢，最终导致什么都做不好。于是我和她做了一个约定：课堂上其他同学做出10道题，她只要做出3道题就可以了。家长也配合我在家训练她，限定时间写作业、刷牙、吃饭、整理书包，让她切实感受到时间的长短，感受效率的重要性。在我和班主任、家长的帮助下，小含不怎么爱哭了。

一天早晨，我看到她头发乱蓬蓬地就来了学校，显然是早晨没来得及梳头。我就把她带到办公室，给她梳小辫，梳完后她开心地笑了。端午节那天，班里举行编“五彩绳”活动，我特意和她一起编，在我的帮助下她第一个编好五彩绳，并戴到她的小胳膊上，她开心极了。我第一次听清她对我说的话：

“谢谢老师。”有一天，我的脚扭伤了，上课一瘸一拐的。下午她拿着云南白药止痛膏跑到我办公室送给我，说：“余老师，你用这个止痛膏吧，很快就好了。”渐渐地我和小含建立了亦师亦友的关系，孩子有什么心事都跑来对我说。

这就是“五个儿工程”带给我的收获，爱学生，关心学生，做学生的知心朋友，才能真正打开他们的心扉，教育才能发挥出应有的作用。

四、与时俱进，追求卓越

有人说“教师的思想有多远，就能走多远”。这就需要我们老师终身学习，不断充电，与时俱进，追求卓越。以前总是找借口不看书，但接触到“五个儿工程”后，慢慢养成了每天读几页书的习惯。通过阅读魏书生、于永正、华应龙、李吉林等老师的教育书籍，我深切感受到做老师就是要做个温和的人，做个宽容的、善解人意、善待学生的人。

在实施“五个儿工程”的过程中，我对“每天留几分钟反思几件事”感触颇深——反思自己的教学目标的达成，反思教学得失，反思教学行为是否得当，反思今天和学生说的话，反思今天发生的点点滴滴。我开始逐渐养成写教学日记的习惯，例如，今天的课哪一个知识点还可以设计得让学生更容易接受？这是我每天上完课都会思考的问题。如4月20日的记录：

篮球比赛中，上半场二（1）班得24分，下半场两个班得分一样，全场比赛二（1）班共得42分，二（2）班共得38分，那么上半场二（2）班得了多少分？

这道题先在6班讲，课前教研讨论结果是先给学生介绍篮球计分方法，再让学生尝试解决。花了近10分钟，在学生半懂不懂的状态下结束了。课下我进行了反思，如果把信息转换成表格形式呢？

	二（1）班	二（2）班
上半场得分	24分	？分
下半场得分		
总分	42分	38分

我在5班进行了尝试，收到了理想的教学效果，学生都能理解这道题，并能说出小标题是什么。通过这样的反思，及时调整教学方法，节约了时间，收获了成功。

就在这样一天天的反思中，我学会了如何备学生，如何备教材，如何设计符合本班学生的导学单，如何将“四导”教学法运用自如打造“和一”课堂。

回顾我的教学经历，我非常感谢张连勇老师带给我们的“五四教育”理念，“五个儿工程”让我和学生的关系亲密了。通过每天和学生谈话，我和学生成了好朋友；通过每天的反思，我的专业素质得到了提升；通过每天的阅读，我不断汲取新的知识，更新教育教学理念。我愿在以后的教学日子里，总是与“四导”为伴，从容与“五育”同行。

愿有岁月可回首，且与“五四”共白头

北京师范大学克拉玛依附属学校　潘煊

弹指一挥间，两年过去了。只记得那年，第一次当小学生的你们和第一次当老师的我都略显羞涩，那些和你们朝夕相处的日子，是我们共同成长的日子，也是我记录里最美好的回忆。

初次见小鑫，是一年级开学第一天，也是我正式工作的第一天。刚刚进入小学的学生满眼好奇，满心欢喜。其实，第一天当老师的我比这些学生更激动。进行入学教育的那几天，在众多躁动的小家伙里，我注意到了小鑫，不仅仅是因为他袖珍的小身板，还因为他的各种表情，时而皱皱小眉头，时而向上翻翻眼珠，那时真觉得他可爱极了。但在接下来一学期里，这些当初我认为可爱极了的表情却是我最不愿看到的。

开学第一课，认识1~10这十个数，在我看来应该是他们三四岁就会的启蒙知识，没什么难度，但小鑫的反应却让我很惊讶，甚至有些不知所措。从1数到10，其他孩子不到10秒就数完了，而小鑫扳着小小的手指从1数到5都有些困难。下课我特意把小鑫留了下来，这是我第一次和小鑫单独相处，问了几个问题后，我对他有了一些了解。看似比幼儿园小朋友还小的他其实年龄不小，已经满7岁了，从他的一口不标准的普通话中，我了解到小鑫的妈妈不识字，爸爸的文化水平也不高，爸妈打工比较忙，平时都是奶奶照顾他的生活起居。放学了，趁着奶奶还没来接他，我又给他补了补今天的重点知识，认识1~10这十个数，从1数到10，我讲了近一个小时竟还没教会他，这让我感到无比挫败。连数数都教得这么费劲，这以后可怎么办啊，我暗自发愁。

刚踏上工作岗位的我仿佛比学生更跟不上学校的节奏。由于是第一次带班，在刚刚开学的一个月里，我好像时时刻刻都在忙，手忙脚乱的我根本顾不上小鑫。就这样跌跌撞撞地过了一个月，我这个新手班主任和这些新手学生也差不多步入了正轨。我再次关注到他的时候，发现当初连从1数到10都有困难的小鑫，作业准确率却很高。虽然他写的“火星文”每天都让我很头疼，但努力找找，火星文里竟然都是正确的答案。我暗暗欣喜，小鑫这么快就开窍了。小鑫是个很爱举手的孩子，但每次他还没动脑思考就先举起了手，叫了他几次都支支吾吾说不出什么，所以我不怎么叫他回答问题。这次我决心考考他。新课由复习题导入，10以内的加减法“5+2=？”，这次小鑫又高高地举起了小手，生怕我看不到。我想这个没什么难度，他应该没问题，结果小鑫的反应却让我很崩溃。他用左手一根一根数到5，用右手一根一根数到2，又用小下巴点着数出的手指，其他学生早已经迫不及待地说出了答案。看来小鑫的问题还是很严重。但是，作业又是怎么回事儿呢？下课我找小鑫聊了聊，原来作业都是小鑫的爸爸一道一道指导完成的，而方法就是一根一根数手指。

终于知道了真相，但这个真相却给了我一记当头棒喝，教会他知识不应该是我的责任吗？现在我反而把它推给了家长。如果我能经常关注一下小鑫，就不会这么晚才发现他的问题，说到底还是缺少沟通。我和小鑫之间缺少沟通，我和家长也缺少沟通。对于小鑫，我只看到了表面，却不曾真正了解过他。于是这天放学时，我留住了小鑫的妈妈，跟她仔细了解了小鑫以前的状况。其实，小鑫并没有智力上的障碍，只是比其他同龄的孩子发育晚，那我需要做的就是在等待他慢慢成长的同时给予他更多的关注。

那时的我还不知道什么是“五个儿工程”，只是听前辈们说过，这是数学老师每天都要记录的类似教学日记一样的东西。接着，张连勇老师就将“五个儿工程”带到了我们学校，宣传了“五个儿工程”的内涵和记录要点，分享了雅典娜小学姜巧娜、八小顾瑞雪等老师的记录故事。在对这数万字的记录感到惊叹、为这些老师与学生的故事感动的同时，我也深深感受到支撑完成这数万字记录的是老师的毅力。从那时起，组长何老师和我们一起开始一点一点地展开“五个儿工程”和“‘四导’教学”的学习与实践。

起初热情当头，记录工作进行得很轻松，但人始终是有惰性的，到第三周时，我开始有了厌烦情绪，总觉得这些记录对我来说作用不大。当我百无聊赖地翻看前两周的记录时，我发现小鑫是我记录中出现频率最高的孩子。虽然大部分时候他都只是出现在“给几个学生讲几道题”中，但我也从中看到了小鑫的成长，也看到了自己的成长。

但即便如此，小鑫跟班里其他学生的差距还是很大，其他学生也认为小鑫什么都跟不上，对他都有些嫌弃。这样下去会打击小鑫学习的积极性。我决定要在其他学生心中为小鑫树立一个良好的形象，经常在全班面前表扬小鑫的方法是最有效的，还能增强他的自信心。但是想表扬他却不知从哪里开始，每天夸奖他的话记录下来自己都觉得干瘪无味，起不到什么作用。所以，我还是决定从聊天开始，每天多了解他一点。

在边聊天边记录的过程中，我发现小鑫是个热情又操心的小大人。当有同学因没带学具而发愁时，他总是第一时间拿出自己的借给别人；当贪玩的伙伴下课第一时间就往外跑时，他也总会提醒伙伴要先做好课前准备。他也是个坚强又认真的小小男子汉。考虑到他身材矮小，跑操时跟不上大部队的节奏，我让小鑫单独绕着小圈跑，可倔强的小鑫坚持要跟着班里跑大圈，还坚定地跟我说："老师，我可以！"在校本课汇报演出的童话剧中，他扮演一棵长在角落里的小树，全程没有一句台词，虽然没有人关注，但他还是一动不动，很认真地演好一棵树。

接触他，也让我更喜欢他，更想关注他，只要有机会我就会在全班面前表扬他。起初是表扬小鑫课堂勇敢发言，后来发展到表扬他的优秀品德，渐渐地，其他学生转变了对小鑫的看法，他们看到了小鑫的进步，学生似乎也明白了我的用意，不论多简单的问题，只要小鑫答对了，大家都会报以热烈的掌声。从之前的形单影只到现在能与小组成员合作讨论，小鑫的进步也越来越大，虽然不能说他已经达到了其他学生的水平，但是他已经有了很大的转变。

在教学过程中难免会遇到各种各样的学生，作为老师，我们一定不要轻言放弃！老师的放弃，很可能就是对学生一生的放弃！如今我也有了数万字的记录，从当初机械式地完成任务，到现在初尝"五个儿工程"带给我的成就感，我抱怨过，烦躁过，也煎熬过，但收获才是一直存在的。记录里有小鑫一步一步前进的脚印，更多的是我与学生共同成长的回忆。

我和小蒋的“爱恨学愁”

北京师范大学克拉玛依附属学校　张雪芳

初进北师附校时，我担任二年级的数学教师，二年级的学生不再是一年级的婴儿肥，但是脸上那肥嘟嘟的肉肉依旧没有消失，手感依旧柔软滑嫩。尤其是小蒋同学，给我留下了深刻的印象。一只小小胖胖的手拉着妈妈的手不肯松开，脸上还留有太阳晒后的红晕，配着略显紧张的小圆脸，更显得可爱，我跟着他的班主任一起迎接他回归学校，正式成为他们的数学教师，也正式开始我的工作生涯。

小蒋是个小矫情，去年六一学校举办了盘子绘画比赛，小蒋孤单单地坐在旁边，不愿意和其他小朋友一起玩，因为他妈妈给他带了一件花花的围裙，被同学吐槽是女孩子穿的，我好说歹说劝了半天，他才慢慢开始玩起来，忘记了这件事。

当了他快一年的数学老师，我发现小蒋的数学成绩并不好，因为他比班级里其他孩子年龄小很多，所以学起来困难很多。作为他的数学老师，我很着急，毕竟老师总是希望班里的每一个学生都能成绩优秀，而他恰恰是拖了班级后腿的那一个。

上课时小蒋总是走神，即使坐在第一排，也经常迷茫地看着我。刚开始我总是无奈与心塞，后来我改变了策略，只要发现他开始走神，就提问他身边的同学。当他注意到身边有同学被提问时，立马就发现我也在看他，就这样我重新吸引了小蒋的注意力。再后来我发现，当我在数学课中穿插一些小故事时，他会用他的小眼神崇拜地看着我，不知不觉中我和小蒋的友谊建立起来了！

长大的小男孩有着一个美好的小愿望，他一直期待能够获得一张奖状给妈妈看。记得上个学期开学没有获得奖状时他那一张失落的小脸，我都有点替他担心，也记得上学期的期末考试前他主动来找我复习的场景，学校的时间有限，没有讲完，他又说可以回家里继续讲，我真的对他另眼相看，并隐隐觉得他会给我带来惊喜。果不其然，上学期期末考试他真的有了很大进步，成绩从70多分增长到近90分，我想这个学期他肯定能拿回属于他的奖状。

如今，“五个儿工程”是我每天都要完成的固定任务，让我每天去反思今天上课的不足，也通过鼓励的机制、谈话的重点等进一步去了解学生的动向，走进学生的内心，了解学生的真实情感。只有把握住了学生，才能在教学中实现师生互动，把课堂变成师生心灵对话的舞台，真正实现师生共创奇迹、唤醒沉睡潜能的教育目标。

一枝一叶总关情

——记录"五个儿工程"有感

北京师范大学克拉玛依附属学校　杨兰

两年时光转瞬而逝，我记录的"五个儿工程"也接近了尾声。当初刚开始记录时自己很不情愿，到后期我发自内心地认识到这项工程给师生成长带来的帮助，让老师敞开了自己的心扉，建立了与学生真诚、平等沟通的桥梁，也让学生打开了自己的心门。

我班有个问题学生小杨，上课要么做小动作影响别人学习，要么提不起一点学习的兴趣；下课追逐打闹，喜欢动手动脚。家庭作业大多数时候不做，即使做了也做不完整，书写潦草。每次测验，语文、数学都不及格，每天都有学生向我告他的状。

班里老师都为这个孩子感到头疼。他基础太差，在学习上缺乏进取心，提高学习成绩看来是无望了，只希望他能遵守纪律，上课不影响别人，所以对他采取听之任之的态度。看到这一切，我不觉从心底泛起一股凉意。如果他是我的孩子，我能对他放手不管吗？作为他的数学老师，只要他在我这里学习一天，我就一定不能放弃他！

为了搞清楚他的家庭情况，我多方面了解他的信息。他的父母离异，他跟着父亲生活，父亲因为他学习成绩太差对他失去了信心，放任不管！了解这些后，我的心情分外沉重。回到学校，我找他谈话，可他总是低着头一言不发。长期缺乏爱的滋润，承受学习落后的打击，总是徘徊在无人关注的角落让他产生了自暴自弃的心理。可是该如何帮助他建立起对学习的自信心，激发他的积极性呢？我陷入了沉思，看到桌面上的"五个儿工程"记录表时，我眼睛一亮，有了！

张连勇老师曾说过，可以通过课堂观察、作业浏览、日常表现、语言交流来打开学生的心灵，因材施教。于是，针对他的情况，首先，我关心他的学习和生活，每天想着法地多和他说几句话，两个星期后小杨终于对我卸下了心防，能跟我开几句玩笑了。其次，树立“没有差生，只存在有差异的学生”等新理念，针对差异进行辅导。为了增强小杨学习的勇气和信心，我每天给他“开小灶”讲解几道题。并且组织几名学生帮助他，跟他一起玩，一起做作业，让他感受到同学对他的信任，感受到同学是自己的益友，感受到友谊带来的快乐，让他在快乐中学习、生活，在学习、生活中感受到无穷的快乐！一段时间后，小杨不仅学习有了进步，性格也开朗了，而且乐于上学、乐于听课了。“五个儿工程”不仅改变了学生，也在无形之中改变了我。我下定决心，一定要继续坚持给小杨讲题，一步一个脚印，让他不断提升自己！

随后我与各科老师统一意见，用欣赏的眼光来看待他，满足其学龄期儿童渴望被信任、被重视的心理需求，培养他的自信心。通过观察，我发现了小杨身上的闪光点，学习上有了一点小进步，我就及时抓住机会表扬、鼓励他，让他逐渐建立起学习的自信心，激发他的学习兴趣。这也让我明白了兴趣是最好的老师，而夸赞则是激发兴趣的最好方法。

经过一个多学期的努力，小杨在各方面都有了明显进步。上课时不做小动作了，能认真动脑、积极举手发言了。课后作业虽说字写得不怎么样，但也端端正正、清清楚楚。学习成绩也有了大幅度提高，期末测试成绩在班上居于中等水平。看到他的变化，我由衷地感到欣慰。

其实，在日常教学工作中，老师都在有意无意地实践着“五个儿工程”中的一项或几项，张连勇老师明确提出要将“五个儿”作为教师工作日程安排中的硬性指标，是必须或一定要完成的常态事务。不再是有时间就做、没时间就不做的游离事务。因此，我校制作了“五个儿工程”记录表，即统一规范了记录形式，让老师从记录中看到学生和自己的点点滴滴的变化，反思自己的问题，找到学生的问题。如今记录“五个儿工程”已不再是一项任务，它就像吃饭喝水一样成为我校教师工作中一个习以为常的环节。

“一枝一叶总关情”，我们虽然只是一名老师，但是我们的一举一动都能牵动学生的感情甚至能改变他们。“五个儿工程”让我明白了为师之道，也让我真正成了学生的良师益友。我十分庆幸自己能成为这项工程的践行者，它给了我太多的帮助和启示。教育之路漫漫，愿这一路都能够与“五个儿工程”相随！

把平凡的教育之路走得丰富多彩

克拉玛依市第二十小学　董宝丽

我是一名平凡的数学教师，从教十多年，没有什么轰轰烈烈的壮举，更没有值得称颂的大作为，可是平淡的教学生涯却赋予了我宝贵的课堂教学经验。我爱我的教育事业，我爱我的学生。一年又一年，学生们来了又走，走了又来，学生给了我很多东西，他们让我哭过，笑过，也感动过。在学生的成长中，我也逐渐成熟起来。我感谢他们，是他们让我在过去那么单调的生活中收获了快乐和满足，是他们让我有了成就感。

一、学会发现，借我一双“慧眼”

还记得刚踏上工作岗位的第一个月，课堂上我不厌其烦地一一指出、纠正学生的各类错误。当时班上有几名男生，接受能力弱一点，纠正的次数甚至达到四五次。对有些学习习惯不好、不想学习的学生，我心里一着急，还免不了批评几句。一段时间后，我开始觉得我上课时课堂气氛越来越沉闷。怎么回事？我陷入了沉思。找了学生谈话后才知道原因：是我过分“周到”的纠错挫伤了他们学习数学的积极性和信心。试想，若是自己在学习时，老师总是不停地打断、纠正，那我怎么会不感到气馁和受伤呢？那我怎么还能积极愉快地学习呢？在痛心我的教学失误后我不禁思索着补救的方法。对于学生的学习实践，我们应该采取鼓励的态度，同时告诉学生：“犯错是不可避免的事情，这没有值得害臊的地方。”从那以后，我常常微笑着、耐心地听完学生回答，而且及时制止其他同学的嘲笑，保护他们的自尊心和学习数学的积极性。

在平时的教学活动中，我不再吝啬表扬和激励学生，因为我越来越体会到：希望得到别人的肯定是每个人的天性。一句积极的评价就是鼓励学生奋发向上的强大动力，学生建立了自信心，对待各种事物的态度就会更加积极。比如所教的一个叫张博的学生，他在班级中数学成绩是不太好的，对数学没有什么兴趣，上课听讲也不是很认真。发现这种情况后，我课下找他谈话，从侧面夸他是一个非常优秀的学生，对数学只是还没入门，对于学数学是非常有实力的，只要静下心来仔细地钻研一下数学中的内容，数学成绩就会有很大提高。之后，我发现他开始变得有自信，作业能够自己独立完成，而且做得很好，因此我在班上表扬他，让他变得更加有信心。

老师的朝气、活力、心情直接影响着学生。老师在课堂上的一个温柔的目光，一句亲切的话语，一个迷人的微笑，无时无刻不在传递着老师的真情，感染着学生，调动着学生学习的热情。

二、学会抚慰，借我一双“温暖的手”

在实施“五个儿工程”的过程中，我更关注学困生，因为学优生是经常被老师表扬、夸奖或当成模范的，他们身上有太多的光环。而学困生由于在群体中的表现不突出，常常在无意之中受到老师、同学的冷落，感受不到集体的温暖，所以他们更加缺乏自信，在心理上就会与周围的人之间形成一堵无形的“墙”，产生自我封闭意识，不愿意与人交流，有意躲避老师。多年来，我养成了主动找他们谈心的习惯，在纠错的时候，在放学回家的路上，在课间的时候，与他们进行平等的对话，倾听他们的心声，了解他们的心理，诚恳地提出自己的看法。我伸出一双“温暖的手”，去抚慰这些需要关怀的心灵。例如，六（3）班的噶尔玛同学是一个漂亮的蒙古族小女孩，她能歌善舞，可是在学习上却总是很吃力，成绩徘徊在及格边缘，经常因为做不出题目急得在我面前大哭。放在以前，我肯定会先批评她两句，才给她讲题。因此，她很畏惧我，见到我总是想躲避。而现在的我，面对前来改错的她，先讲解题目，再和她小聊几句，问问她家的情况，爱好是什么，蒙古族的习惯有哪些，有哪些好吃的等。时间久了，我和她之间的距离拉近了。在这学期开学初，我布置了写作文的作业，让每个学生谈谈对我的看法，对学习数学的看法！她给我写了一段话：“董老师，以前我很害怕听到楼道里响起叮叮当当的钥匙声，那说明您就要进班了。可现在，我觉得这种声音很悦耳。董老师，真的很谢谢你为我付出那么多，每天留下来给我讲题，我做不出题大哭的时候安慰我，谢谢你没有放弃我，让我期末考试提高了10分，我真的很爱你！”一个“爱”字湿润了我的眼眶，那一刻，我真的感觉很幸福，作为老师要的并不多，就是希望学生能从自己这里学到有用的知识；作为老师要的又很多，那就是学生的爱，今天我得到了，我感到深深的满足，深深的幸福。

三、学会沉淀，厚积才能薄发

有句话：要给学生一杯水，老师就要有一桶水。我觉得不对，在信息爆炸的时代，一桶水远远不够，要开凿一眼泉，有了源头活水才能胜任今天的教学。开凿一眼泉，就是老师要终身学习。在当今信息化时代，知识的更新程度是惊人的。教育教学不能局限于课本上的知识，还要走出课本，善于拓展相关的知识，用知识武装自己的头脑，用到教育教学活动中，保护学生爱问为什么的好习惯，让自己的课堂更充实、更丰富。如果老师能做到精通专业，又上知天文、下晓地理，并善于运用心理学的知识和原理，就能信手拈来，驰骋自如，找到偶发事件与教学任务之间的联系，迅速地切入正题。读书的生活是精彩的、高尚的、幸福的，教师更要把读书当作生活的一部分并学以致用，用全新的教学理念来支撑自己的教育教学工作。

四、学会思考，让前行多一些方向

“学而不思则罔，思而不学则殆。”老师是否愿意花时间反思自己的教学工作，是老师是否具有专业素养的重要标志之一。对老师而言，能否以“反思教学”的方式化解教学中发生的教学事件，是判断老师专业化程度的一个标志。在反思的过程中温故而知新，我们的教育智慧也会随之不断增长。20年的教学经验也许只是一年经验的20次重复，他可能永远停留在一个新手型教师的水准上；除非我们善于从经验中吸取教训，否则我们就不可能有什么改进。自我反思帮助老师了解自己的长处，找出自己的问题，确定自我改进的领域，明确自己成长的方向，制订自己的行动计划；自我反思有利于老师责任感和自信心的发展。通过自我反思，老师会对可供选择的各种可能方法保持开放的态度，有利于老师形成开放的心态和实现创造性发展。教学中的自我反思可以激活老师的教学智慧，探索教材内容的崭新呈现方式，构建师生互动机制及学生学习的新方式，它是我们老师专业成长的“催化剂”“助跑器”，是老师专业发展的重要基础。

五、学会用心记录，收获绽放的花朵

如今，“五个儿工程”已经影响教育教学的每一处，让我学会了对学生多一份关爱，多一份宽容，多一份交流，让我的学生对我多了一份信任，脸上多了一份笑容，对学习生活多了一份自信。我相信，在我的用心浇灌下，这些待放的花蕾，不久的明天也会成为绽放的鲜花！

做学生喜欢的老师

克拉玛依市第二十小学　史娜娜

伟大的教育家陶行知先生曾说过，真教育是心心相印的活动，唯独从心里发出来，才能达到心灵的深处。

做一个让学生喜欢的老师，是每个老师梦寐以求的，它也是促使老师不断进步的助推器。

初为人师，未来可期。2017年，我毕业于新疆师范大学，来到克拉玛依市第二十小学任职，如愿以偿地成为一名数学老师。在二十小的大家庭里，我感受到老师们亲切的关怀，小到每日早餐，大到生病陪护。这一切，都使我爱上了这片土地，更爱学校里的每一位老师和孩子。

高尔基曾说：谁爱孩子，孩子就爱他，只有爱孩子的人，才有可能教育出好孩子。刚入职时我接手的是二年级2班和3班的数学课，面对新接手的这批活泼好动、天真无邪的学生，我一如既往地提醒自己，我有责任帮助每一名学生改变以前的不良习惯，让他们能够自信地成长。但由于教学经验不足，我没有找到和学生快速磨合的方法，所以师生关系处理起来非常吃力。起初，我采用严厉、严肃的态度进行课堂管理。但他们是二年级的学生，严厉反而使他们和我的距离感越来越远。后来得知很多学生怕我，这使我十分苦恼，这个结果不是我想要的，我的梦想是成为一名学生喜欢的、愿意和我成为朋友的老师。显然，表面严厉的我并没有赢得学生的喜爱。课堂教学效果也让我自己很不满意，总感觉课堂气氛不是很融洽，甚至有时候是死气沉沉的。尽管我很努力，但没有明显的改善。有一次上课，我发现有些学生能说出答案，原来他们进行了预习。但是我的课堂讲得过多，没有让学生成为课堂的主人，学生的参与感不强，导致学生上课提不起兴趣，思想脱离了课堂。和同组老师交流，他们告诉我，我的课堂缺少灵气，要相信学生，多让学生说一说，哪怕错了，也要给予学生鼓励。多引导学生主动去学而不是被动地传授，这就是张老师倡导的“‘四导’教学”模式：学生会的就相信学生，引导学生自己解决；新旧知识有联系的就诱导学生学；学生难以理解的就让学生动手操作，指导学生学；学生独立学习有困难的就鼓励学生互导互帮学。就这样，我琢磨着践行着“‘四导’教学”。记得在讲授“100以内的笔算加法和减法”时，有些学生已经进行了预习，我鼓励他们当小老师来讲解，在小老师有困惑的地方，让其他学生进行补充，学生们你一言我一语，上课氛围变得活跃起来了，我的课堂真热闹！

回顾刚从教的第一年，最让我印象深刻的是3班的比拉力同学。他是颇有名气的“讨厌鬼”，行为习惯不好，老是不写作业，经常收到各科老师对他的“差评”，时常有学生满脸委屈地来向我数落他的种种罪行，而且每次老师跟他谈话，他总是满脸委屈，说话语气也不好，给人一种难以接触、无所谓的感觉，更显得不尊重老师；他不注重个人卫生，每次见他总是衣衫不整，没有同学愿意和他做同桌；他的自我约束力不强，上课常常心不在焉、左顾右盼，有时还做一些小动作，成绩也不尽如人意，但小脑袋很聪明。对于这种学生，我是又爱又“恨”。后来通过家访，我了解到比拉力家里比较困难，他们家有两个孩子，他是最小的一个，平时妈妈对他缺少正确的引导，父亲对孩子的要求更低，只要不打架不惹事就行。孩子做了好事，父母不会给予肯定或是表扬，久而久之孩子就养成了对什么都满不在乎的习惯。

我仔细地观察他的行为，分析他的个性特征，并采取了很多的措施，吓也吓了，哄也哄了，最后还软硬兼施，但收效甚微。怎么办呢？在我无计可施的时候，我向师父诉说了我的苦恼。在师父的分析与帮助下，我开始课下认真执行张连勇老师提出的“五个儿工程”——“每天和几个学生说几句话，每天赏几个学生赞几句话，每天给几个学生讲几道题，每天析几种错题读几页书，每天留几分钟反思几件事”。起初我是有点疑虑的，夸夸这些“小机灵鬼”就有用了吗？他们的小尾巴不得翘到天上去？但是，我亲身实践后，才真的发现它带来的好处。原来学生的潜能是无限的，原来学生有能力解决很多问题，原来表扬是有巨大力量的，原来再小的学生都需要被欣赏，原来每天那些看似不起眼的小事积聚在一起竟然会有如此大的力量，以至于改变了我和学生。

亨利·海涅说过：“每个人就是一个世界，这个世界是随他而生，随他而灭的。”因此对老师而言，面对几十个学生就是面对千姿百态的世界。不论这个学生是调皮还是听话，聪明还是愚钝，只要老师能用“显微镜”看学生的不足，用“放大镜”看学生的优点，就一定能找到独属于这个学生的优点、长处，进而去夸奖他。

于是，我综合“五个儿工程”和“‘四导’教学”模式，改变原来的做法，变批评为表扬。变老师单纯地讲为学生主动地学，真正把课堂交给学生。我从最初的课间走过他身边，小聊几句，到把他叫到办公室沟通，利用课间辅导几道题，上课的时候会让他来说一说适合他的简单题目。记得学习二年级上册第三单元《角的初步认识》时，比拉力很是兴奋，也很主动。我抓住机会，鼓励他来当小老师，给同学们介绍生活中的角有哪些，引导他说出什么是角、角的各部分的名称。比拉力一开始有点紧张，但在我的引导和鼓励下，第一次完成了小老师的工作。他很兴奋，我又让他整理好语言，完整地再说一遍，他在后半节课中更加积极了。

在我的表扬和鼓励下，比拉力同学的课堂纪律有了明显的进步，最主要的是上课不怎么搞小动作了，小组合作时也能积极参与到讨论中，课下会主动和我讨论数学题，成绩也提升了。

这是我第一次体会到“五个儿工程”和“‘四导’教学”带给我意想不到的收获，它就像明亮的灯塔，为我指明了方向。在不断学习、摸索和实践后，学生和我成了朋友，课下他们会偷偷告诉我班级里的小秘密。我也从最初面对学生总是一副严肃的表情，变得爱笑了，和学生的话题也渐渐多了起来，学生也越来越信赖我了，课堂学习气氛也活跃了起来。

时光飞逝，今年是我工作的第4个年头，在这4年里我成长了很多也收获了很多，现在我又有一批新的学生，他们现在也是二年级，相比第一年，我已经有了很大的进步和改变。尤其是在“五个儿工程”和“‘四导’教学”的引领下，我遇事不再急躁，面对犯错学生，不再是一味批评，而是耐心地倾听，倾听他们内心的声音，走进他们的世界里，课堂也不再只是我的舞台了，学生成了台上最耀眼的“舞者”。我成为学生的朋友，变成了学生喜欢的老师。

紧随时光的脚步，享受路过的风景，在此，非常感谢第二十小学的数学团队，尤其是我的师父——董宝丽老师。他们工作上不遗余力地帮助我，让我少走了许多弯路，大步向前；生活上的关心更令我倍感温暖。同时，从他们的身上，我不仅学到了教育教学经验，也看到了那务实的工作态度，这深深地影响着我。我也愿意在二十小的大家庭里挥洒青春，用真情去感化，用智慧去启迪，用人格去熏陶，用理想去塑造一个个充满希望与梦想的生命，做一名幸福的老师，无愧自己的良心！

悦纳课堂

克拉玛依市第二十小学　牛春花

什么是悦纳？所谓悦，即愉悦，喜悦；纳，即接受。悦纳，是指我们要愉悦地接受每个学生。悦是心理层面的，而纳则是行为层面的，也就是我们要从心理到行为都去接受每个学生。

“悦纳”是我们学校的办学理念，我自2015年7月来到克拉玛依市第二十小学就被这个新颖的办学理念吸引了。刚开始听说“悦纳”的时候我还不是很理解其中的深意，在这6年的教学中我慢慢地开始懂了。我也渐渐发现“悦纳”理念与数学独有的“‘四导’教学”理念是相辅相成的。

刚到第二十小学的时候就迎来了一场小挑战，接手一个二年级的班级，一个一年级的班级。我这个新手不仅要每天备两节课，还要手抄两份教案。这些还不是最难的，最难的是我不知道该怎么教这帮小朋友。

这个时候我再次想到了“悦纳”，每个学生都是不同的，我应该接纳他们的不同。我总用严厉的态度对待他们肯定是不行的，我必须得找到方法。我想我得跟学生拉近距离，跟他们交朋友，这样他们就会喜欢我，从而喜欢我的课堂。但是一段时间后我发现，只让学生喜欢好像是不够的，课堂上学生一直没什么学习兴趣，成绩也进步得非常缓慢。我做到了“悦纳”我的学生，可是学生没有“悦纳”我的课堂，怎么办呢？正在我一筹莫展的时候，我想起了“‘四导’教学”。虽然我刚进校时就听说了这种教学模式，但是我从来没有实践过。现在不是正好可以试试吗？张老师倡导的“‘四导’教学”模式：学生会的就相信学生，引导学生自己解决；新旧知识有联系的就诱导学生学；学生难以理解的就让学生动手操作，指导学生学；学生独立学习有困难的就鼓励学生互导互帮学。

首先是引导，我们在二年级学习乘法口诀时发现很多学生其实已经会背乘法口诀了，这个时候我们就可以相信学生，在他们已经会背的基础上引导他们说出每句乘法口诀所表示的含义，这样不仅可以让已经会背的学生获得自信心，还能让枯燥的课堂变得有乐趣。其次是诱导，我们在五年级学习了三角形的面积之后又学习了梯形的面积，求梯形的面积用到的转化思想与求三角形的面积是一样的，这个时候非常适合诱导学生利用新旧知识的联系探索规律，轻松掌握这个内容。再次是指导，学生的认知水平及空间想象能力有限，我们在六年级学习圆锥的体积时就可以通过指导学生做实验得到圆锥体积与圆柱体积的关系，这样不仅让学生感受到了多变的课堂带来的乐趣，也冲破了学生空间想象能力不足的限制。最后是互导，在六年级学习工程问题时，学生在解决这类问题时会出现很多种方法，并且解决这类问题最难的就是找到解题的突破口，这个时候就需要小组合作，要鼓励学生互相沟通，群策群力。在我教数学的这六年当中有太多用到"'四导'教学"的例子，我琢磨着，践行着"四导教学"，让它融入我的每一堂课。

教学生必须得课上与课下相辅相成，真诚地赞赏学生，耐心地与学生沟通，这既是我校的"悦纳"理念，又与张老师所提出的"五个儿工程"非常相似。

还记得我的班里有一位特别的同学小磊，之所以说他特别是因为他两只手长得不一样，一只大一只小，说话也不太利索。刚开始我发现他写字很慢，作业从来写不完，上课也从来不举手。慢慢接触后我发现他写字慢是因为他有强迫症，每个字都要写得工工整整，我还挺佩服他的，这种执着的品质还真不是谁都有的。于是我在接下来的课堂上非常关注他。有一次，在我的鼓励下他积极举手了，我请他到讲台上给大家讲题，但他一开口却被其他的学生笑话了，因为他说话有一些口吃。我看见他红着脸低下了头，再也没能说出一句话。就这样，课堂被打断了，但我并不觉得可惜，我知道学生都是单纯善良的，只是当时忍不住笑出了声。我转向学生说："老师知道你们都是单纯善良的学生，老师也相信你们一定不是有意笑话小磊的，可是亲爱的同学们，你们无意中伤害了小磊的自尊心，可能以后他就不敢再举手回答问题了，大家无心的一个举动可能会成为小磊一辈子挥之不去的阴影。我们每个人都有自己的缺点，大家也一定不希望自己的缺点被别人笑话，我希望咱们班的孩子都能像太阳一样把温暖和阳光带给别人，而不是无知地嘲笑。”我的话温暖了小磊，也感动了其他学生，从那之后我再也没有听到过嘲笑的声音。

到了六年级的时候，小磊已经能在讲台上自信地给同学们当小老师了，虽然他说话还是磕磕巴巴的，但是同学们都很尊重他，他也在六年级毕业考试的时候获得了全班第二的好成绩。我很感慨，做老师千万不能吝啬自己的赞赏。

数学老师都会发现学生到了高年级之后补差的时候非常困难，比如你给学生讲解问题，你帮他分析题目之后算式列出来了，却发现他不会计算。讲除法计算发现学生乘法不会，讲乘法又发现加法不会……就这样学生学得越多不会的越多。像这样的学困生太多了，为了减少学困生的数量，我践行了张老师提出的“五个儿工程”中“每天给几个学生讲几道题”，坚持做到问题不堆积，从一点一滴上帮助学生把落下的知识点都补上。

老师会发现有时候不仅仅是学困生让人头疼，太聪明、反应太快的学生也让人头疼，我们班就有这样一个同学小杜。每次我抛出一个问题别的学生还没来得及思考小杜同学就把答案快速说出来了，久而久之课堂上形成了不好的现象——回答问题的永远只有他一个人，更严重的是其他的学生慢慢地都不爱思考了，除了小杜其他学生的成绩越来越差。碍于他也是积极回答问题，我也不好批评他。于是我找小杜同学商量，以后碰到比较难的问题我就请他上台给大家当小老师，其他时间把机会留给其他学生。他欣然接受了我的提议，我让他收集易错题型，提前备课给大家讲。时间长了我发现，这样不仅解决了其他学生不爱思考的问题，我自己也轻松了不少。我的这些想法都来源于“‘四导’教学”理念和“五个儿工程”。

就这样面对学生不同原因、不同层次的问题我都坦然接受，慢慢摸索着有效的教学方式，伴随着“悦纳”，践行“‘四导’教学”和“五个儿工程”。这6年当中我也放弃过，但不久后又捡起来重新开始。坚持是一件很不容易的事，但最终我发现只要付出过就能见到效果。我相信“悦纳”能使我成为一个有德行的好老师，而“‘四导’教学”能让我成为一个专业的好老师。

点燃学生心中希望的火焰

克拉玛依市第八小学　顾瑞雪

苏格拉底曾说：“教育不是灌输，而是点燃火焰。”而通过对“五个儿工程”的记录，我更加深切地感受到点燃学生心中的梦想和那希望的小火苗有多么重要。

一、调皮大王进步了

班里有位调皮大王阿杰，活泼好动是他的本性，倔强的脾气、刁蛮的性格更是让他为所欲为。一次自习课上，邻桌的学生拿了他的铅笔，结果就听到一声怒吼：“我要杀了你！”我循声看去，瞬间被惊住了，这不该是一个四年级小孩子该有的眼神。于是我拨通了他母亲的电话跟她沟通了一番，原来这个学生这几天喜欢看武侠电影，跟父母也整天大吼大叫，性情很不稳定。于是，我不再批评他，而是观察他的优点，适度地表扬他，借机会和他说说话，他的眼神渐渐地温和了许多。其实这个孩子非常聪明机灵，在数学上反应也非常快，渐渐地在课堂上成了回答问题最积极的学生，思路敏捷而且正确无误。随着我对他的表扬和认可越来越多，他还会主动地问我一些较难的题，看得出来现在的他已经由被动学习变为主动探索了。他的妈妈还打来了电话跟我说：“阿杰最近变化可大了，每天回来都有新的进步，还常常跟我说：妈妈，顾老师可喜欢我了，对我可好了。真的感谢您，顾老师，谢谢您让李文杰有这么大的变化。”这个孩子虽然脾气倔，可是如果你顺毛摸，那些恰到好处的表扬和鼓励就像一双翅膀带着他越飞越高。接下来的单元测试他竟然拿到了90多分，发卷子的那一刻，他好高兴呀，那种喜悦、那种欣慰、那种无法言语的骄傲和自豪让我看在眼里，甜在心里。他的进步让我燃起了信心，我相信还有一些学生是像他一样等待救援的……这就是鼓励和表扬的力量，这种力量对学生来说是巨大的。

二、敞开心扉做朋友

记录“五个儿工程”已经成为习惯的我，养成了每天都和学生说说话，聊聊天的习惯。就拿我们班里的小贾同学来说吧，在和他的聊天中我得知这个学生因为父母都在打工，每天早出晚归，很少有时间关注他。于是我拨通了他父亲的电话，和他谈了小贾的情况。之后我经常叫他来聊一聊，有时候也说说作业，讲讲题。他很调皮，也很爱玩，很能和班里的学生打成一片，只是每次见了我都很胆小，见我就跑。因缘巧合，他们家搬到了我们家楼上，这下他可跑不了了。楼上楼下我们经常能碰到，我总会像朋友一样和他打招呼，和他谈心，渐渐地，他和我熟得就像老朋友。一次我们家门开着，他在门口看到竟然大喊一声：顾老师！然后嘿嘿一笑，可爱的小家伙竟然吓唬我，就这样我们之间的距离更近了，我也经常在门口和他玩一会儿足球。慢慢地，他越来越爱上我的课了，而且很认真，渐渐地在我的提醒下他的作业做得干净整齐，正确率也极高，回答问题时小手举了又举，现在的他还常常凑过来和我讨论比较难懂的数学题。我发现和他敞开心扉做朋友，加之他本就极高的悟性让他对数学产生了极其浓厚的兴趣。而期末考试他更是以前所未有的93分的好成绩回馈了所有的努力。拿到成绩时他那个高兴劲儿简直像赛场上的获胜者，真替他高兴！

4万余字记录的背后是日日夜夜的辛劳，而在学生的结业典礼上，学生拿着好成绩露出一张张甜蜜的笑脸是对我的最大慰藉。

我想说：学生，你们像雄鹰在广阔的蓝天飞翔，你们像拔节的竹子向上，向上！

而我则像向日葵，永远追逐着太阳的方向，向前，向前……

我学会了用耐心、爱心、恒心去浇灌学生的心灵，让他们茁壮成长，让星星之火燎原。

心存暖阳，静待花开

克拉玛依市第七小学　杨焕玲

七月的朝阳洒满整洁却空荡荡的教室。

墙上一张张记录学生成长的照片，还有见证学生学习过程的思维导图，让我回忆起无数个瞬间……

他们即将毕业，我心中泛起不舍。

张同学，这个眼睛眯眯、小脸肉肉的小男孩，曾经是个让我头疼、烦躁的“小犟牛”。

张同学是一个自由、好动、主观性强的孩子，在你面前笑眯眯，转身一副瞧不上任何人的样子，他只与他看得顺眼的人说话。课堂上，他会在老师讲到有趣的地方时放声大笑，也会不分时间接老师的话茬，还会在老师检查作业时理直气壮地站起来说他忘带了，甚至自己犯了错误还不以为意，挺直身板和老师“对簿公堂”……尽管有一点小聪明，但这样的学生是老师的噩梦，他的成绩也上不来，始终在六七十分之间“荡秋千”。

在教学“分数应用题”期间，每天都在做题、讲题和改题，对于不用心学习、动作慢的学生有时候还会上火。张同学就是既静不下心又理不清头绪、每一道题都不愿动脑的学生。看着他交上来的改错，我从题目中的量，到画线段图，再到数量关系式一一分析讲解给他听，可是张同学在我这明白，下去自己改错时依然不按要求去做，对于求“单位1”还是“比较量”傻傻分不清楚。

看着张同学交给我的改错，我知道他根本就没好好读题，严肃地对他说：“先把题目读清楚，有几个量，它们有什么关系，弄清楚了再去画线段图，绝对不能懒得读、懒得想，更不能啥都没读清楚就随意画。”他听完就把本子拿下去，很快交上来了稍作改动但仍然有错的作业。我不耐烦并且大声对他说：“你根本就没有好好读题，你连题目中的单位‘1’都没有找对。还有，这里是多了谁的四分之一？在图上怎么没有表现出来？怎么对待学习的？全部擦掉，重新去标清楚。”就这样，一道题反复改了好几次……

张同学常常改错改到很晚，我也常常在放学后留他背概念、背公式、写作业。看着这样的张同学我很着急，我陪他一起改错，给他单独讲授，和他谈心谈话，了解他的想法。

有一次在课堂上展示完答案后，我看见张同学举起了手，我心想：估计又是没听懂。但是他站起来说：“老师，我觉得这道题可以用倒推的方法，这样更容易想清楚……”听完他清晰的讲解，同学们若有所思地点点头，我很惊讶，瞬间张同学在我心里不一样了。我以为他会是老样子，我以为他会随波逐流，没有想到他的想法就是学生最容易理解的方法。

回到办公室，我静静回忆张同学留给我的每一个画面，我怔了一下：我平时对他是不是太没有耐心了？是不是因为张同学在我的心里不是好学生，就从未看好他？这样是不是对他不公平？作为老师，我怎么能有这样的想法，学生的未来是可期的，他们的可塑性很强，我怎么能用不变的眼光去看待他们……越想越不安，内疚占据我的心，随后，我把他叫到办公室，拉了一把椅子示意他坐下，他愣了一下，我说：“张同学，坐！你今天上课的表现特别棒，可以看出你很聪明，爱动脑子，而且老师觉得你挺喜欢学数学的，对不对？就是有的时候有些偷懒了，不想费劲，不想用心去思考，是不是呀？今天老师叫你来想给你说个小秘密。”这时我看张同学的眼睛仿佛亮了一下，好像很感兴趣。于是我说：“这个秘密就是任何时候都不要敷衍学习，因为数学知识就像链条一样，中间一节出问题势必会影响整体，能不能记住？”张同学好像得到了秘籍一样，笑眯眯地点点头。接着我谈到他的优点：他喜欢帮助老师拿教具，帮助班级整理书架；运动方面，短跑和接力赛总是少不了他，他还代表过校篮球队外出比赛。给他细细罗列着这些平常我不在意的发光点，还真不少呢！这时我看见张同学的眼神也自信了，边听边点头，但是有一点点不好意思……接着我们制定了一个小目标：每天进步一点点，具体做法就是认真去对待学习和作业，千万不能偷懒，脑子越用越活，作业可以不会但绝不能乱写。

我说：“这个小要求你可以做到吧，老师相信你能做到。”

张同学点了点头说：“好，好，我知道了，我以后会按要求完成的。”

张同学第二天的作业书写得非常工整，并且全部按要求完成，全都做对了，我很是惊叹，提笔批注：“勤能生巧，进步很大，坚持下去，你会更出色！”此后的张同学在数学的学习上非常用心，也爱动脑，和以前的“小犟牛”完全不同了，也更自信更积极了。我在全班面前肯定了张同学的变化，并奖励给他一个文件夹。当我给他一个大拇指为他点赞时，他挠挠头，咧开嘴朝我笑了笑。

作为育人者，今天家长交给我们一个孩子，明天我将还给家长一个怎样的孩子？张同学的小故事让我体会到，教育不只是教，更需要育，就像“五个几工程”中提到的每天赏几个学生赞几句话，要相信并了解学生，尊重并理解他们，我也深切体会到奖励与欣赏对一个学生的正面作用。有些学生有很多缺点，动作有些慢，但是没有不想改变的学生。每个学生都是花期不同的一朵花，有的花开在春天，有的花开在别的季节。当别人的花开放的时候，你不要着急，也许你的花是在夏天绽放、秋天绽放……每朵花开都需要一段时间的等待，我们只需用爱去守护，然后静待花开。

学生是聪明的，也是敏感的，慢慢地张同学不那么浮躁了，学习时也能够静下心来了。张同学的潜力也如弹力绳一样在慢慢拉伸，他的变化比我能想到的更多。在他的不断努力下，他的成绩开始逐步提高，他也从自以为是的小男孩变成了一个爱思考、用心学习的少年。

德国哲学家说过：教育的本质是一棵树摇动另一棵树，一朵云推动另一朵云，一个灵魂唤醒另一个灵魂。其实，我和我所教的学生，都是那棵树，每一阵风吹过，树叶相触在云里，相互学习，共同成长。张同学虽然是个孩子，但是他用行动告诉我：“赏识、赞美、信任、鼓励是让人进步的良药。”

日复一日，年复一年，送走一届又一届学生，他们高飞远航，我们原路返回。教育之路漫漫，让我们怀揣一颗对教育、对学生真挚的心，心存暖阳，静待花开，在实践中慢慢解读教育的本真。

浓浓的师生情

——“‘四导’教学”中与她的故事

克拉玛依市第十四小学 胡玉婷

工作6年以来，一直在克拉玛依市第十四小学担任一名普通的数学教师，努力践行着张连勇老师的“‘四导’教学”并不断收获幸福。幸福在我和学生的共同成长中延伸开来。

去年9月份，当我看到学校教师的安排时，心中有说不出的感觉，嘴上还叨咕了一句：啊？又是六年级，这是我来到十四小以来连续带的第三个六年级毕业班。回想起上两届六年级的情况，我不禁有点头皮发麻。六年级的学生青春萌动，又带有一点点的叛逆，对新换的教师更是各种不服气。在接手前两届六年级前，我一直以为教书首先就是管住学生。要想管住学生，就得先给学生一个下马威，不然的话学生不怕你，以后的工作也开展不下去。所以，我决定先在学生面前树立自己的威信。但是两届六年级下来，我发现效果并不好，尽管在我的“高压”下，成绩有一点点进步，但是我和学生相处得都很累，一些学生甚至给我取了外号：母夜叉，母老虎，更年期……对于这些外号，我当时挺生气的，很失望自己的一片苦心没有得到学生的理解。后来回忆起来，这应该就是学生心中最真实的感受吧。在沉思中我想起了张连勇老师的“‘四导’教学”和“五个儿工程”，分享的老师都收获了那么感人的师生情。我在下面听着，也会感动得泪流不止。我疑惑我也践行了“‘四导’教学”，我也记录着“五个儿工程”，那我为什么没有收获呢？于是我好好地反思自己，并决定改变自己。这次又新接手了六年级，刚好是个好机会，让学生看到不一样的胡老师。

我打算充分开展“‘四导’教学法”，真正做到“五个儿工程”。而且要抓紧时间，六年级的学生更不能浪费一点时间。于是在践行“‘四导’教学法”的第一节课上，我就发现我们班大部分学生的自信心不强，自学能力也较弱。我意识到想要让学生爱学数学，就要让学生拥有学习数学的信心，培养学生的自学能力，更要让学生喜欢你这个老师，打开限制学生自主思维的枷锁，而“‘四导’教学法”就是开启这把锁的钥匙。第一节课教学结束，请学生谈收获时，一个学生说：老师，以前我觉得数学很难，而且我一直以为六年级会更难，今天我发现数学好简单。正是这个学生的话，让我觉得我的改变是对的，并决定继续下去。

我们班有一个叫小絮的女孩，戴着眼镜，个子高高的，头发长长的，是个漂亮的小女孩。但是，不论我什么时候见到她，她总是冷冷的，不跟我打招呼，也不看我。上课时她也从来不抬头，我叫她回答问题也一直低着头不看我，无论我说什么，不管是否与学习有关，她就是不说话，不抬头，一副无所谓的样子。放在以前我肯定噼里啪啦地痛骂她一顿解气，但这一次我没有发脾气，因为我时刻记着我读的那页书上有这样一句话：给孩子一个微笑，他会给你一个明媚的春天。于是我便自嘲地笑了笑说：“看来小絮不喜欢我，所以不愿意和我讲话，那我要努力了，让小絮能喜欢上我。”我又接着说：“同学们，希望你们帮助我成为你们都喜欢的老师，我和你们一起相处的时间只有这一年，希望这一年我们能够成为真正的朋友。我有什么你们觉得不对的地方你们随时提，只要不是无理的要求，我都会改正。这就是老师和你们的约定，好吗？”学生听后都开心地说好。这时小絮说话了，她面无表情地在座位上说了一句：“切，我才不相信你会听我们的意见呢。你可是学生嘴里的母老虎。”说完她撇着嘴看了我一眼，就继续面无表情地低下了头。我听到这句话没有生气，反而有一点得意，我说这是小絮第一次跟我说话，这可是个好兆头哦，不管你们信不信，我是下定决心要做一个你们喜欢的老师，咱们走着瞧吧！

课下在进行教学反思时，我也会不自觉地想起小絮的种种表现。也许是出于好奇，也许是出于作为教师想要征服学生的心理，无论是课上还是课下，我都会关注她。我发现她不仅课上不说话，不回答问题，课下也是独自一人坐在最后一排的角落，不与同学交流。我感觉这样不对劲，就算不喜欢我这个老师，她这个年纪课间也会与同学一起玩耍啊。于是我找到她的班主任去了解情况，这才知道小絮的爸爸喜欢喝酒，只要小絮做得不好就会打她。我猜这就是小絮不爱讲话的原因吧。我很心疼这个孩子，思考自己能为小絮做点什么。小絮这样的家庭已经不能让她感到温暖，如果我每天再用冰冷的面孔面对她，那小絮还怎么会有生活的热情呢？我暗暗下决心，用自己的爱去感染她，让她感受到学校的温暖。于是我每天都会故意“讨好”小絮，没事总是跑到她跟前跟她聊一些有的没的。虽然她不愿意搭理我，但我依然每天去和她套近乎。有一天，她突然转过头对我说，每天都没话找话你烦不烦。我笑了笑说让别人烦也是需要能力的啊。小絮又转过头不说话了。

有一天，在班里因为几个学生抄作业又不承认，我实在没控制住自己，发了很大的脾气。因为我第一节课就给学生提了要求，写作业绝对不可以用作业帮，不管会不会，只要真实就好。因此，一节课也没有一点笑容。下午我一来到办公室就发现办公桌上有个小纸条，上面写着：老师你说过会听我们的意见，现在我希望你以后不要发脾气了，因为发脾气的你实在很难看，你笑的样子真的很好看。虽然没有写名字，但我一眼就看出了那是小絮的字。我心中一阵狂喜，看来我每天的套近乎真的管用。我和小絮的关系就这样悄悄地发生了变化。我看到字条后也反思了自己，今天这样大发雷霆，还怎么能让学生们喜欢呢？于是下午我走进教室给学生道歉，并提到了中午的小纸条，承诺以后不会再发脾气。说完我看见小絮脸上露出了微笑，那笑容是那么美好。

第一次数学测验试卷发下后，我看见小絮坐在那把卷子揉了揉，我把她叫了出来，问她怎么了，她不说话。于是我牵着她的手把她领到了没人的角落，起初她还用力地往回拽自己的小手，我就紧紧地抓着她的小手不放。我跟她说你是知道我的脾气的，犟起来谁也拉不回来，她也就安静地跟着我走了。到了没人的角落，她蹲下来抱着头，我也蹲了下来抱着她。过了一会她跟我说：“这次又没考好，回家爸爸会打死我的。”我抱着她说：“那我们就不让爸爸知道。”她抬头问我：“你不需要家长签字。”我说：“我从来不让家长签字，就是签字了对不管孩子的家长而言还是没用，管的家长不签字也会关注孩子的情况的。”小絮抬起了头，满脸不信任的表情，我给她回了个坚定的眼神，然后跟她说：“那小絮你想不想成绩进步到爸爸无可挑剔呢？”她看着我点了点头，并小声：“我可以吗？”我说：“你可以相信我，反正我看你每天中午不回家在外面晃荡，那就到老师办公室学习，我一点点给你辅导。”她竟同意了，从那以后小絮每天中午都来我的办公室报到。第二单元成绩发下了，同学们都不相信那是小絮的成绩，都跑过来说，老师你偏心，我们能不能也每天去你那啊？我笑着说，只要你们愿意，当然可以啊。

慢慢地，小絮的成绩进步到已经不用我每天单独辅导了，成绩的进步让她自信了，也开朗了。她还是会每天中午来报到，和我聊聊班里的八卦，给我分享她爱听的音乐，就这样我们成了无话不说的朋友。记得有一次我的嗓子哑了，第二天小絮给我带来了含片，还附有一张亲手做的卡片。我看着这张凝聚着爱心的贺卡，心里激起一股暖流。后来，不只小絮，班里其他的同学也愿意和我分享他们的小秘密，我收到的纸条、意见、贺卡越来越多。

我更坚定地践行"'四导'教学法"，是"五个儿工程"使我增加了与学生沟通的机会，在他们毕业时我收到了这样一段话：亲爱的胡老师，您真的说到做到了，能当您的学生是我们的荣幸。看到这段话时我不禁流下了眼泪，我的幸福在学生的这张小纸条上闪烁。我真正地成了学生喜欢的老师，真实地感受到了做老师的幸福，真切地收获了浓浓的师生情。

做一个学生喜欢的老师

——情系“五个几工程”，我讲我的教育故事

克拉玛依市第十四小学　胡玉婷

善待每一个学生，做学生喜欢的教师，师生双方才会有愉快的情感体验。一名教师，当你受到学生喜爱时，才能真正享受到工作的幸福。工作8年以来，我一直在克拉玛依市第十四小学担任数学教师，正因为践行着张连勇老师的“五个几工程”，不断地收获幸福。幸福在我和学生们共同成长中延伸开来。

在讲台上的8年，我没从一年级带过班，每次都是从五年级或者六年级接手。2019—2020年的六年级是我来到十四小以来连续带的第四个六年级毕业班。其实，带前两届六年级毕业班是有遗憾的：当时我觉得六年级的学生青春萌动，又带有一点点的叛逆，对新换的教师可能各种不服气，所以首先就要管住学生，因此我会先给学生一个下马威，先在学生面前树立自己的威信。当然，在我的“高压”下，学生的成绩倒是有一点点进步，但是我和学生相处得很累，而且师生关系不融洽，课堂更是死气沉沉。我的心情很失落，觉得自己的一片苦心没有得到学生的理解，很失望。当我带第三届毕业班时，我改变了。促使我改变的正是张老师的“五个几工程”。每天析几种错题、反思几件事促进了我与学生成长。每天和几个学生说几句话，拉近了我与学生的距离，给了自己走进学生内心世界的机会。每天赏几个学生赞几句话，给了学生品格成长中最宝贵精神源泉——自信。从第三届六年级开始，我不再是那个严厉的“更年期”胡老师，而成为学生口中亲切的仙女老师。正是因为改变，我不再整天都是负能量，我收获了浓浓的师生情。其实，改变后也汇报过我和学生之间的故事，今天又站在这里，是因为我太想把我收获的喜悦及作为教师的幸福感分享给大家。

我刚接手的六年级一班在五年级期末考试中的平均分要比其他班级低十几分，起初我是担忧的。转念一想，成绩已经这么糟糕了，应该再没有后退的可能了吧，反而进步的空间是很大的。这样一想，我又重拾了信心。我想我一直记录“五个儿工程”，让我有了一个最大的优势，那就是很快能和学生打成一片，和学生成为无话不说的朋友，让学生喜欢我这个老师。有了能让学生喜欢我这个老师的撒手锏，还愁学生的成绩不能提高吗？

第一节课，我当然不会再像从前一样先给学生下马威，而是先和学生聊聊天，唠唠家常，先把自己的亲和力展现出来，顺势了解学生的学习能力。毕竟是孩子，只要谈论的是跟学习无关的事情，他们都能热情高涨。这个过程中，有个小男孩引起了我的关注，那就是小安。

小安是一个白白净净的男孩子，个子不高，他对我们的话题丝毫不感兴趣，一个人望着窗外，他给我的初步印象是性格有点孤僻。在接下来的课堂中，我都比较关注他，我还记得第一次叫他回答问题时他站在那里一言不发，并且斜着眼看着我，一副挑衅的样子。我猜他以为我会生气吧！但我一改过去的暴脾气，自我调侃道：“看来小安不喜欢我，都不愿意和我讲话，我得继续努力了，要让小安喜欢上我。”

在课下进行每日反思时，我想他这个样子肯定是有原因的，于是我立马找到班主任了解情况，并且去他家进行了家访。

事情是这样的：这个孩子很有个性，而且在三年级之前数学学习还不错，但是四年级换了老师后，由于老师上课的方式不同，这个孩子不喜欢数学课了，上课也从来不听课。任课老师也抓过他的学习，但是这个数学老师和之前的老师对比起来比较严厉，导致这个孩子产生了逆反心理，直言：他不喜欢数学，不喜欢老师，以后再也不学数学了。班主任也想了办法，找孩子聊天，大道理也讲了，但是孩子态度坚决，表示就喜欢施老师，如果不是施老师上数学课，以后就再也不学数学了。我去家访时家长也表示知道这个情况，对孩子也是软硬兼施，但是孩子的态度依然很坚决，父母也放弃了。就这样四年级、五年级的数学课他就没学过，考试也就是把选择和判断随便写一写。了解这个情况后，我觉得只要能让小安喜欢我，他的问题就能解决。他那么认可之前的数学老师，说明他是个感性的孩子，而且懂感恩，那我是绝对不会放弃这个孩子的。于是我开始了一系列的行动：我天天都会去找小安，跟他聊些有的没的。

虽然他还是不愿意搭理我，但我每天都坚持和他说几句话，让他感受到我的温暖。在小组合作时，我先让他在组内充当观察员，在小组汇报时只需要他说：请问大家还有什么疑问或补充吗？刚开始他不愿意配合，但是由于我要求来汇报的组必须全员举手才能来，他扛不住组内其他同学的压力，终于把小手弱弱地举了起来。我当然不会放弃这次机会。在他们组汇报时，其他同学汇报得很精彩，得到了阵阵掌声。而在他问“还有什么疑问或补充吗？”的时候全班哄堂大笑。原来，他一紧张就口吃，这也是他不愿意回答问题的原因之一。每天赏几个学生赞几句话就从小安开始。学生大笑我肯定是要批评教育的。教育后，我又耐心地鼓励小安把这句话说完，只见他虽然涨红了脸最后还是把任务完成了。学生们看见我没有着急而是这么耐心地鼓励后，也给小安鼓起了掌。这可以说是改变小安的一个起点。在接下来的日子里，我开始更多地关注小安，我会叫他回答一些简单的问题。从那次他“张口”后，每次叫他回答问题时他不再像以前一样不说话斜着眼看我了。每次看他吃力地回答问题，我都会忍不住去鼓励他。在小组讨论时，我会有意识地在他们组多停留一会儿，也会把他叫到办公室单独辅导。慢慢地我发现小安不仅有自己的想法，还愿意将自己的想法表达出来。他不再害怕口吃，也不讨厌上数学课了，上课也很专注地听课，也从不敢、不愿意跟我说话到主动来我办公室邀请我和他一起参加班里的活动，一起吹气球。在平安夜的时候收到了小安的苹果，我很感动。就连班主任都觉得小安像变了个人似的，变得比之前开朗了。之前小安的成绩还不错，但他不愿意回答问题，而现在的小安爱举手了，爱说话了，最重要的是他的眼里有光了。功夫不负有心人，在上学期的期中考试中，小安考了两年来的最高分，他及格了。小安激动得眼泪都流了出来。我也很激动，不仅借着这次机会好好地表扬了小安，还给其他学生鼓鼓劲，让他们向小安学习。我看到小安张了张嘴欲言又止，就问道：“小安，你想说什么?”小安却笑了笑说：“没……没什么。”我也就没再追问。到了晚上，我收到了小安妈妈的钉钉信息：“胡老师，真的太感谢您了，我们家小安回来说数学及格了，这是我这两年来想都不敢想的事情。我以为我们家孩子就这样混完小学、初中就行了，没想到这孩子现在学习劲头这么足，还说一定要好好学习，每一门功课都要学好，不辜负胡老师的期望。而且现在他放学回家最先写数学作业，还说现在最喜欢胡老师，最喜欢上数学课。”看到这些，我又激动又惭愧，我也没多做什么，我做的只是和所有老师一样，多从学生的角度想一想，给学生多一点微笑，真正爱学生。看来爱是能被感受到的！

现在的小安已经不用我每天单独辅导了，成绩的进步也让他更自信了，也开朗了。在六年级毕业考试时，他竟然考了85分，得到了优。对这个结果我和小安都很满意。不只小安进步了，整个六（1）班的成绩也由原来和同年级其他班级相差十几分到最后持平了。他们之前的数学老师来听课时说："看来学生真的很喜欢你，因为他们之前上课的时候从不积极发言。但这节课证明，不是他们不爱发言，可能是害怕回答错吧。"我知道是我的鼓励与赞赏让学生自信了！

一年的时间很快过去了，转眼学生就要毕业了。在毕业季，我收到了学生真诚的祝福！我想这都是因为我一直坚定地记录"五个儿工程"。"五个儿工程"使我懂得如何与学生沟通，如何陪伴学生成长。"亲其师而信其道"，希望我能继续做一个学生喜欢的老师。

最后，用一句话和大家共勉：教育绝不能高高在上，一定要目中有人，走进学生的世界。

放手，给学生更大的舞台

克拉玛依市第十四小学　李英

“转变思想，归还课堂给学生，以学定教，夯实基础求质量”，我校推出的教学寄语促使学校各学科教师踊跃尝试新的教学方法。而对于数学教师来说，我们很幸运有张连勇老师这样一位领路人，他早在8年前就提出了“五个儿工程”和以“导”促“教”的“‘四导’教学”理念和教学实践模式，这也使得我们在课堂教学改革实践方面走在了其他学科的前列。

“分组、活动、汇报”是“‘四导’教学”的操作要领，我认为要培养学生分组讨论、汇报交流的能力，必须先培养学生的个人能力，尤其是在低年段，可以从引导学生清晰地表述自己的思维过程、指导学生如何和他人交流做起。教师可以有意识地培养能力强的学生，让一部分有能力、有潜力的学生先“说”起来，再带动其他学生“活”起来。

课堂上我发现有的学生会做题，但不会表达自己的想法；有的学生只能说出答案和结果，但说不出自己是如何思考的；还有的学生语言组织不好，底下的学生没有耐心听进去。上台展示想法时，有的学生很羞涩，声音也小，显得不够自信。在讲解的时候，学生大多都喜欢面对黑板或大屏幕，根本没注意自己把题目完全都挡住了。讲完以后就干巴巴地站在那里，不知道该说些什么，习惯用眼睛望着老师，没有很自然地与台下学生交流。为了培养学生的表达能力，指导学生学会交流，我从细节开始指导：站在讲台前要侧身面向大家，要边说边用手指着题目，眼睛也要看向下面的同学。为了提醒大家听讲，在讲解前可以先说一句开场白，比如：大家好，我是这样想的等。讲完以后，要询问大家听懂了吗，或者有谁想补充，等等。而对于听的同学，我鼓励他们有不懂的问题就大胆问为什么，有认为有讲错的地方可以大胆质疑、指正，有认为讲得不够清楚的地方可以补充，如果有不同的方法也可以上台展示，又或者认为台上同学讲得特别好，对自己有很大帮助，还可以毫不吝啬地表扬他。总之，要大胆说出自己的想法。在一次次的交流实践中，学生的表达和交流能力逐渐得到提高。例如，在讲解“写出分针从12转到下面各个位置所经过的时间”这道题时，班里的小赵同学说我是用数一数的方法，五、十、十五……五十分，大家同意我的方法吗？这时小李同学举手说：你做的是对的，但是我觉得你的方法有点麻烦，我是用算一算的方法。分针从12走到10，走了10大格，分针走1大格就是5分钟，走10大格，就是50分钟。大家同意我的方法吗？这时候有的同学说同意，有的同学没有反应。我知道10个5是50，可能有的学生反应不过来。于是我问道：10个5是50，有的学生想不明白，可以怎样想呢？很快有人举手：可以先想9个5是多少，五九四十五，四十五再加一个五就是五十。先前有疑惑的学生豁然开朗！这时小胡同学又举起手说，还有别的方法。他走向讲台指着图说，分针从12走到6是30分钟，从6走到10走了4大格，就是20分钟，20分钟加30分钟就等于50分钟。大家同意我的方法吗？这时候同学们都自觉鼓起掌来。没想到小孙同学又举起了手，他说了自己的想法：分针转一圈是60分，还有两格没走到，所以我用60–10=50分钟，大家同意我的方法吗？看着学生渐渐大胆、自信地上台分享自己的想法，我心里是满满的成就感。我想，如果没有今天的放手，学生脑子里的各种不同的想法就不可能有机会展示出来，我也就不会了解学生的真实想法了。

了解学生的真实想法，让学生大胆地展示自我，良好的师生关系是前提。著名教育家李镇西曾经说过：“爱心是一个好教师最基本的条件，童心是师爱之源，教育风格各有千秋，但有一点是共同的，那就是爱的教育。”记得曾经教过的小杜同学，他是一个皮肤黝黑，课堂上很少发言，学习缺乏自信的大男孩。一次运动会，我正好分在投掷组当裁判，目睹了小杜同学的“厉害”。他扔垒球竟然能从足球场地这边扔到那边的球门外，观看的老师和学生也很惊讶！在后来的400米和接力赛中，他屡屡夺冠，成为大家心目中的“偶像”。运动会过后上课的第一天，我站在讲台上微笑着对他说：“小杜同学，你在赛场上太帅了！老师以后就叫你杜帅哥吧！”全班立刻笑成一片！小杜同学害羞地低着头笑。我接着又说：“运动会上你收获了很多荣誉，老师相信你在学习方面也会更上一层楼！”从那以后，为了调动他学习的热情，增强他的自信心，我有意拉近与他的距离，经常开玩笑叫他杜帅哥。慢慢地，我能明显感觉到小杜同学的变化——上课的眼神渐渐明亮起来，还主动举手回答问题。改错不懂时，他会跑到讲台上大胆地问：“老师，刚才您讲的我没听懂，能再给我讲一遍吗？”我为他的主动问问题感到高兴。讲完后，我总是不忘鼓励他：“你最近进步特别大，以后不懂的一定要像这样问哦！”有一次，卷子上的一道较难的题目他做对了，我诧异地问：“这是你自己做的吗？”他看着我问：“老师，您不相信我？”我一愣，突然觉得这学生变得越来越自信了。因为在体育方面的优秀被老师、同学认可，并且得到了大家的赞赏，自信心大增，这份自信也带到了学习上。我深深感到教师不仅要有渊博的知识来满足学生的需求，更要有博大的胸襟来关爱和理解学生。师生关系融洽了，才能形成轻松、愉悦的课堂气氛，学生在课堂上才敢大胆地质疑、补充和辩论。

在张老师“五个儿工程”育人理念和“‘四导’教学法”教学模式影响下，我学会了不断自我反思，时常提醒自己多鼓励、表扬学生，像朋友一样与他们相处。我与学生的相处越来越轻松、和谐、愉快，工作也越来越有成就感。慢慢地学生也有了变化，课堂上的交流汇报越来越大胆、自信，充分展现了“四导”课堂的魅力。我想，只要我们教师多一点爱心、耐心，多一些鼓励、表扬，课堂上学会放手，给学生更大的舞台展示自我、表达自我坚持下去，一定会收获意外的惊喜，收获满满的幸福！

平凡教师平常事

克拉玛依市南湖小学　魏春梅

教育故事就是学校老师在对适龄学生进行教育培养过程中发生的故事。

照片上正在啃西瓜的这个小男孩一看就是个“小刺头”。记得有一次上有关“平行四边形的面积”的公开课，在刚导入板书课题环节，自己一紧张，板书上“四边形”的“形”字写成了“平行”的“行”字。嘴巴最厉害、得理不饶人的“小刺头”小翟同学当即站起来，指着黑板对我说：“魏老师，您的‘四边形’的‘形’字写错了……”面对学生、听课老师和领导，我的脑海里一片空白，我的内心有几许挣扎和犹豫，但我此时必须清醒，因为我是一名老师，恍惚一瞬间后，我微微一笑，对小翟说：“小翟同学，谢谢你，以后你就是我的一字之师了。老师的这个错误，希望能给所有同学提个醒，平行四边形中的两个行（形）是同音字，它们所表示的含义也是不同的……”课堂就这样有惊无险地进入了正常的轨道。从学生的表情中，我读到了学生对我的谅解。这节课让我知道老师不是万能的，老师也会犯错，只要勇敢地面对学生，诚恳地承认自己的错误并且马上改正，学生就会觉得自己的质疑是有价值的，在学生的心里我和他们是真正平等的。

这几年，通过学习和实践“‘四导’教学”理论，我知道了小学数学中的许多知识，只要我们去认真地分析教材，精心地设计问题，充分相信学生，让学生自己去探索，绝大部分知识他们都是可以通过自己的努力掌握的。但是，有的学生怎么学都是一脸茫然，迷迷糊糊的，这些学生需要我们走进他们的世界，引领和帮助他们。我带的三年级有一个小马同学，每节课都是眼睛半眯着，处于“半沉睡”状态。记得有一次在课堂上，为了活跃课堂气氛，我出了一道脑筋急转弯：“小明参加百米跑步比赛，他超过了第二名，他现在应该是第几名？”他的眼睛一下亮了起来，张口就回答：“第二呀！”这件事让我发现他是一个思维敏捷的孩子。我对他产生了兴趣，我通过与班主任及家长的沟通，了解到他的家庭很特殊，妈妈已经去世多年，爸爸到处打工，留下他跟年迈的奶奶一起生活。我的第一直觉是我要帮助他，从那天开始，每节课我都会提问他，下课都会找他聊上几句，专门安排了几个性格比较好的学生帮助他。我有时还会给他出点动脑筋的数学题，激发他学习数学的兴趣。每当他做对了，我都会摸摸他的小脑袋，并且送他一些他需要的学习用品作为奖励。慢慢地我发现，小马同学的理解能力极强，做任何题都能独立思考提出不同意见，所以不久后我请他做了我的数学课代表，协助老师领读数学方面的小知识和应用题。渐渐地，在课堂上他的眼睛睁开了，会大声地笑了，课代表工作也越做越好，和我也越来越亲了。在一次批改作业时，我发现他在作业本上歪歪扭扭地写了一句话：“我有一个喜欢我的人，她就是我的数学老师，我要做一个让她喜欢的好孩子。”看完这句话我沉思了很久，我的举手之劳获得了一个学生如此的回报，我不应该做得再多点吗？不应该尽自己最大的努力给予和他一样命运的学生更多的关怀和爱吗？

当你放下教师的架子，就能够得到学生的真心。就像自己带过的毕业班的学生，我常常用欣赏的语气和他们交流，喜欢和他们在一起“发疯”。毕业典礼上学生送给我的话让我非常感动：小魏老师就像我们的朋友，我们可以在她面前敞开心扉说出自己想说的话，可以挽着她的胳膊近距离地和她讨论数学难题……这些话对于他人来说可能不值一提，对于我来说却字字千金，因为它体现的是学生的一颗颗真心呐！我想这就是自己在教学中尝试“五个儿工程”的最大收获，它让我和学生的距离更近了，感情更深了。

在以后为人师的道路上，我一定会继续跟随“五个儿工程”的希望之光前行，不是简单地去完成每天的几个儿的记录，而是发自内心地带着自己的学生去体验、寻找数学带给我们的快乐。每天去寻找学生的长处，聊一会天，做几道数学题，留点时间反思今天，用心去实践，在这些平常的事情中去做好平凡数学教师该做的！

做一名懂得欣赏的教师

克拉玛依市南湖小学　姜海艳

从一本书中读到一篇谈“欣赏”的文章，寓意深远，感受颇多。书中说道：“欣赏一幅图景，用心擦亮一双慧眼。”“欣赏别人是一种尊重，被别人欣赏是一种承认，无人欣赏则是一种不幸和悲哀。欣赏是一种神奇的力量，它可以化干戈为玉帛，化腐朽为神奇。”我很喜欢这段文字，也迫切需要这种神奇的力量。

所以，每节课过后，我都不急着回办公室，而是静静地观察每一名学生，慢慢发现每一名学生身上的闪光点。慢慢地我发现，学生身上有许多值得欣赏的优秀品质。

小鑫是一名很有个性的男孩，刚教他时，我就从他的眼神中看到了灵性。他是所有老师眼中的尖子生，从课堂发言中能看出他也是一名很有思想的学生。然而，各方面都很优秀的他却总是在考试中栽跟头，甚至有时只考出六十几分的成绩。通过和他的家长和其他教师沟通，我发现他成绩下滑的主要原因就是审题不认真，做题马虎。我看在眼里急在心上，多次把他叫到身旁，和他一同分析出错的原因，帮助他改变马虎的陋习。每天，我都会有意无意地和他聊天，提醒他要在分析和理解题意之后再进行解答，养成认真检查的好习惯。“考题又不是老虎，还能吃了你不成？怕什么？只要你够细心、够仔细，考试对你而言还是个事儿吗？”我经常这样鼓励他。

可是一个学期眼看着就要过去了，他依然不能战胜马虎这一劲敌，考试成绩依然没有起色。好像我的鼓劲和激励反而成了他的心理负担，导致他不能正常发挥。我急得就像热锅上的蚂蚁，却不能在他面前表现出来。又是一个课间，我坐在教室里思考着解决措施，无意间听到小鑫和另一名同学在争论什么，具体内容不是很清楚，我只听到他狠狠地说：“要是我说错了，我就跟你的姓。”看到激动的他，我不禁心中暗喜：或许，激将法对他有帮助。于是在下一次测试前，我轻描淡写地说：“这次考试题目有点难，我不强求你们得90分以上，只要大家尽力就好。”“老师，我一定能考90分以上，我敢跟你打赌。”小鑫不服输地说道。看着他眼中的倔强，我真是喜出望外，但只是淡淡地说一句：“好，我跟你赌。如果你能得95分以上，老师请你吃饭，吃什么随你点。”小鑫略略犹豫了一下，但最后还是点头答应了。考试结果出来了，他得了93分，和我们的约定只差两分。他得知自己考了93分之后，先是表现出有一点失望，转而想到什么似的对我说：“老师，这道题我就是把数看错了，不然我肯定能超过95分！我期末考试的时候超过95分也算我赢吧！”小鑫几乎是用乞求的口吻说。“好好好，老师就是心软，看不得你可怜巴巴的样子！咱俩的约定什么时候都有效，行了吧！”小鑫这才给了我一个满意的笑脸。这才是我认识的小鑫呀！这才是那个百折不挠、自信满满的小鑫呀！

繁忙的一学期终于在学生结业式上画上一个句号，老师们也能稍稍松一口气了。此时的我，并没有忘记我和小鑫的约定，我大步走进班级，把考试卷子拿给大家看。最后，我的目光锁定在小鑫的身上。看得出，他此刻有些紧张。小嘴巴张开了又闭上了，想说什么却又硬生生地吞了回去，他应该是在等我先开口吧。“行啊臭小子，就是想宰你老师一顿是不？得了99分，中午我请客，机不可失哦！”“老师，还是算了吧！”他摸着头不好意思地说。“行啦，我可是讲信用的人！再推就不是你性格啦！”“那我要叫上我朋友一起去！”小鑫脱口而出。“你给我布了个陷阱啊，这段时间就在家研究兵法了吧，没问题，几个朋友都行。”在餐馆中看着他们吃得津津有味的样子，我有种说不出的开心。

在和学生朝夕相处的日子里，我学会了欣赏每一名学生，感受到了欣赏的神奇力量。我也懂得了，欣赏不是对学生的过错视而不见，而是以一种平和的心态原谅学生暂时的落后。欣赏是一种等待，是用发展的眼光看待学生。这是学生给我的启示。要做一名懂得欣赏的老师，让我们教得更加精彩，学生学得更加漂亮。

用赏识的眼光看待每一个学生

克拉玛依市南新小学　李娜

不知不觉“五个儿工程”已经陪伴我走了很长的教学路，每一学期都有不一样的收获和感情。上学期，我开始负责班主任工作和两个班的数学教学工作。起初，繁忙的工作让我感到身心疲惫，从早到晚喝口水都成了一种奢侈的享受。摸索着在班主任工作中实施“五个儿工程”，竟让我事半功倍，繁忙的工作也变得有趣开心了。通过一学期的实践，感觉自己有了很大改变。现在就从以下几方面简单地说一说吧。

一、学会了宽容

通过实施“五个儿工程”，我学会了宽容学生的错误。每个学生都会有错，以前的我很多时候不明白学生为什么总会有这样或者那样千奇百怪的错误，对于学生的错误总觉得很不可思议，无法理解。学生犯了错，我总会责怪或者质问学生：为什么你忘记写作业？为什么你又把作业本丢了？为什么老师教过很多遍的题还是记不住？一堆的“为什么”让学生目瞪口呆，也让我更加生气。我俯下身走进学生当中，和他们聊天嬉戏时，他们经常会教我一些他们知道的东西。当我学不会，他们一遍遍耐心讲解时，我为之前对他们的苛刻感到惭愧。我开始慢慢地改变了，学会站在他们的角度去宽容他们的错误。渐渐地，我开始从心底喜欢这群小家伙。

二、育人先育心

来说一说我们学校的知名人物王同学吧，他爱吐口水，经常吐到教室的地下，还喜欢往同学们的板凳上和书包里吐。同学们都非常怕他，都不愿意和他接近，各科老师提到他都很头疼，拿他没办法。但他不是没有优点，他的课间操动作标准，当我把他安排到第一排领操位置时，我也给他撕掉了“坏孩子”的标签。慢慢地他愿意亲近我，他不再吐口水了，也不再往地上扔垃圾了。为了让其他同学接受他，我还给他布置了每天做一件好事帮助一名同学的任务，慢慢地同学们不害怕他了，下课时也能主动和他一起玩了。有一天四（1）班的班主任曾老师说：“你们班王同学最近怎么不见了？”我知道是那个以前老是欺负他人的王同学改变了。

一位学生家长说：“李老师，我们家孩子说，你教育他们说成绩不好可以补，品行不好以后想补也补不了。我觉得你说得太对了，我们家孩子这个学期明显地在一些行为习惯上有了很大的改变。”没想到我的只言片语，竟然让这个孩子听到耳朵里、记在心里，转述给家长，还落实到了自己的行动上。还有一位家长对我说：“以前我们家孩子来上学要被王同学欺负，就像生活在噩梦中一样，现在她没有这种惧怕了。而且比之前自信了许多，你是用什么方法做到的？”说实话非要让我说出用了什么方法，不如说学生原本就向往美好，都有一颗向上的心，只是我每天对他们说的几句话唤醒了他们最真实、最美好的自己而已。“五个儿工程”竟然如此有魅力，让我也不知不觉成了学生心中的魅力教师。

三、不吝啬表扬

再来说说我班的另一个知名人物张同学，他的内心世界可不像王同学那样单纯。开学的近半个月时间里，每天下课都有一群学生把我团团围住控诉他的种种恶行，无论我怎么教育，他都油盐不进，经常在课上尖叫、怪叫、骂周围的同学，别人不理他，他就踢别人凳子，还不戴红领巾，不写作业。我被这个帅气的小男孩折磨得快要崩溃了。我找校长诉苦，校长告诉我，这个问题还是需要我亲自解决，别人只能起辅助作用。还有一次气得我直接把他送到了德育主任办公室。当然，我和他的师生关系也日益紧张。家人看着我每天被一个十岁的孩子折磨得像个随时要爆炸的气球，就说：“你们‘五个儿工程’不是有一条每天赞赏学生几句话吗？你怎么不试一试？”我不假思索地说：“他哪有值得我赞赏的地方。”当我说出这句话时，我突然意识到自己太主观了，是我的偏见遮住了发现他的优点的双眼。他爱干净，衣服和红领巾每天都是干干净净、整整齐齐的。当我在班上提出其他学生要向他学习每天穿戴整齐时，我看到了他眼中的不可置信。因为一个表扬，我们的师生关系似乎近了一些。有一天，张同学的家长打电话来告诉我："我们家孩子说他很喜欢你。这段时间他在学习上的变化很大，辛苦你了，有什么需要配合的尽管说。"有了家长的配合，对于张同学的问题，解决得就更加顺利了。渐渐地，跳蚤市场上，可以看到张同学拿着一些滞销书本卖力推销；六一儿童节时，我负责抢椅子项目，可以看到他忙着帮我组织学生排队。他的热情、幽默、乐于助人赢来了越来越多的朋友。班里学生一致认为这学期他进步最大。虽然他的成绩还不理想，我想通过后面的努力他可以做得更好。

四、收获幸福

在"五个儿工程"的指引下，那个原本秩序混乱、卫生脏乱的班级不见了。每月一评的德育序列化活动，上学期共评比4次，在学生的团结努力下，我们班3次获奖，最让我骄傲的是在5月份的"课堂雅"评比中，我们班被评为"课堂雅班级"。学生在品行和学习上都有了很大的进步。

五、感悟

作为一名教育工作者，我们应该以赏识的眼光、欣赏的心态看待每一个学生，尤其是问题学生，有了老师的信任、尊重、理解和激励，他们才能迷途知返，成为更优秀的学生。

情系“五个儿工程”

——我讲我的教育故事

克拉玛依市实验小学　白艳珍

2021年12月21日晚11点18分，刚刚入睡的我被两条微信吵醒，心想，谁呀，这么晚了还给我发微信！

因为从8月底到喀什支教以来，每天的工作量有点让人吃不消，每天至少要上4节课，批改200多本作业，这还没算上延时服务的课时，有的时候会安排在一个班里盯班一整天，所以，为了第二天有充沛的体力和精力，我强迫自己每天11点准时上床休息！

本想第二天再看短信，但又怕有什么急事，就打开手机，原来是我曾带过的刘同学的妈妈发来的两条微信语音信息。

点开微信语音一听，是刘同学说的话，第一条：“白老师，我想你了，今天是冬至，一定记得吃饺子，我是刘同学。”第二条：“我想让白老师早点回来！”听完第一条消息，我的第一反应就是现在都晚上11点多了，现在发语音让我吃饺子，不是让我长肉吗？于是，我就调侃着回了条：“刘同学，你现在让我吃饺子，是不是想让我长肉啊？！”因为当时的我有130斤，正在减肥的路上挣扎。过了几分钟，刘同学的妈妈发来信息说，刚才写冬至日记时，孩子泪流满面，她问了孩子后得知，是想白老师啦，想让白老师早点回来！她就让刘同学给我发了两条语音信息！

我何德何能竟然让一个只带了一年的孩子，在分别半年后想到千里之外的我？这一切都是源自张连勇老师倡导的“五个儿工程”。老师都是有责任心的，都是从心底爱学生的，但是这种爱一定要富有艺术性地让学生感受到，因此张连勇老师就给我们小学数学老师提出每天坚持要做的“五个儿工程”。

“五个儿工程”要求数学老师每天坚持做“几件事”：①每天和几个学生说几句话，②每天赏几个学生赞几句话，③每天给几个学生讲几道题，④每天析几种错题读几页书，⑤每天留几分钟反思几件事。“五个儿工程”，犹如黑夜中的灯塔，给我们老师指明了方向！

一、每天和几个学生说几句话

正是每天和几个学生说几句话，让我进入了刘同学的心中。那是2021年1月14日下午第一节课后，我来到一（3）班教室，看到班主任正忙着给学生颁发各种奖状，我就找到一个空位坐下来了，这时，刘同学来到我身边小声对我说：“白老师，我也想要一个奖状。”

刘同学是一个很聪明的学生，因为上课坐不住，小动作太多，所以成绩虽然不差，但从来没有考过满分，在同学心目中也没有威信，自然也没有奖状！

刘同学既然能对我说他也想要一张奖状，既说明他有上进心，又说明他很信任我。我就想，不能打击他的这颗上进心，同时，如果一张奖状能改变他，让他以后上课听我的话，为何不给他一张奖状呢？给学生发奖状的目的不就是激励学生吗？于是，我就找到一张空白的奖状，让学校的书法老师张科选老师亲手给刘同学写了一张“聪明好学，记忆力超强”的奖状颁发给了刘同学，拿到奖状的他甭提多开心啦！相信这张奖状对刘同学的影响是不可估量的！

为什么会给刘同学颁发“记忆力超强”这个奖状？是因为通过短短几天时间的练习，他可以记住20多幅七巧板拼图，妈妈说名字，他不看图就能很快用七巧板拼出来。这么聪明好学的孩子，如果就因为我不答应给他一张奖状使他幼小的心灵受到打击，我于心何忍！

刘同学之所以敢对我说他也想要张奖状，正是因为平时课下我经常与他交流！

语言不是只让我们用来讲课和批评学生的，我们也应用语言文字与学生多沟通多交流，要想做学生喜欢的老师，践行张连勇老师提出的“每天和几个学生说几句话”非常有必要！

我是这样做的：下课后我会问学生：“上课听懂了吗？有没有不会的？”“某某同学，如果有不会的题，就来办公室找我。”……让他们真正感受到我是喜欢、尊重、信任他们的。我正是按照张连勇老师“五个儿工程”去做的，这让我收获满满!

二、每天赏几个学生赞几句话

美国社会心理学家、人本主义心理学创始人马斯洛认为，尊重需求是人的较高层次的需求，青少年随着自我意识的发展，更加希望得到他人的肯定和赞扬。因此，每天赞扬学生几句话，让学生带着喜悦满足的心情学习，将会事半功倍。

例如，我们班的小李同学。记得一次拍照时，小李条件反射地把左手握成了拳头，我以为他是因为紧张。当我告诉他要把手伸直时，才发现他左手食指受伤包有创可贴，原来他是想把好的一方面展示给别人!

关于小李这个学生，去年刚入学的时候，他根本没法在教室里学习，没有一点规矩，稍不如意就大喊大叫，或者在班里大哭。说实话，刚开始我也头疼班里有这样的学生，但是没办法，既然有这个学生，那就要接受这个事实。于是，每次上课之前我都会说：“看小李坐得多直!”我边说边做示范。其实，此时的小李坐得并不标准，但听到我的话后，他会按照我的动作去做，慢慢地，时间长了，数学课上他也能正常听讲了!

这让我更加明白，我们每天的表扬对学生是多么重要。“五个儿工程”锻造教师品格，筑就卓越教师，让我平淡的教育生活变得有品位。德国教育家第斯多惠认为：“教育就是激发。”“教学艺术的本质，不在于传授的本领，而在于激励、唤醒、鼓舞。”在今后的教学中，我会继续做好“五个儿工程”，追求教学艺术，追寻教育激发的真谛。

做一只蝴蝶，去等毛毛虫成长

——我讲我的教学故事

克拉玛依市实验小学　郭一丁

作为一名数学老师，我一直在摸索如何更好地教育学生，使其不仅能在数学知识上有所收获，还可以在心灵和品格上得到成长。在这个过程中，张连勇老师提出的“五个儿工程”成为我每日教学的关键指引，也为我和学生之间搭建起了一座温暖而坚实的桥梁。

一、学会放慢脚步，多给予学生一些时间

小希是个非常漂亮的小女生，美中不足的是在学习上比其他学生付出的更多，成绩却始终很稳地保持在班级的倒数第一。每次面批作业，她总是胆怯地站在离我很远的地方，生怕会被我批评。

有一天，我在课后轻轻拍了拍她的肩膀，问她最近有没有遇到什么有趣的事情。她起初有些腼腆，眼神闪躲，双手不自觉地揪着衣角。但渐渐地，在我温和目光的鼓励下，她打开了话匣子，和我分享了她新学的手语舞。从那以后，小希在课堂上变得更加积极主动了，面批作业的时候再也不会离我很远，有一次改完作业，她站在我旁边迟迟不走。我问：“还有题不会吗？”小希咯咯地笑开了：“我想亲你一下。”

作为蝴蝶的我，能给予的，或许就是不打扰，多等等，让他们慢慢成长，这也许就是毛毛虫的蜕变。

二、在爱里寻找闪光点

课堂上，当小希勇敢地回答出一道题时，我当着全班学生的面，微笑着对

她说：“小希，你的思路如此清晰，老师为你的聪明和努力感到骄傲！”同学们自发地鼓起掌来，小希的脸上绽放出灿烂的笑容，坐得更加笔直了。当小希的准确率越来越高时，我在她的作业本上写下鼓励的话语：“加油小希，继续保持这样的准确率！”

慢慢地我获得了小希的信任，她也打开了心扉，时常在课后主动找我分享她生活中有趣的事情。之后，我又发现她的街舞跳得特别好，于是，在六一的时候，安排她表演街舞，学生都惊讶极了，还有不少嚷嚷着要向她学习街舞。从此，她也有了她的闪光点。

作为蝴蝶的我，能给予的，就是去爱每一个学生，让他们在爱里毫无顾忌地蜕变，去成长，去找到属于自己的翅膀。

实践运用张连勇老师提出的“五个儿工程”，受益的不仅仅是我的学生。如今，每天我都会和几个学生说几句话，或许是在课间的走廊上，或许是在课后的教室里，我会关心他们的生活，询问他们最近的心情以拉近我和学生的距离，学生也因此更加亲近我、信任我。每天析几种错题读几页书是自我提升的方式。通过分析学生的错题，我发现很多学生在计算小数乘法时容易出错，经过仔细研究，发现是对小数点的位置处理不对。于是在后续的教学中，我加强了这方面的练习和讲解。同时，我也会每天读几页教育相关的书籍，不断充实自己的教育理念和方法。每天留几分钟反思几件事则体现为我对一天教学的总结。我会思考自己的教学是否有效，与学生的互动是否充分，还有哪些地方可以改进。

在践行“五个儿工程”的过程中，我看到了学生的变化和成长。他们变得更加热爱数学，更加积极向上。而我也深刻体会到，教育不仅是知识的传授，更是心灵的呵护和引导。我会继续坚持下去，用我的爱和责任，陪伴每一个学生茁壮成长。

下篇

教学相长，真情互动成己达人

带着爱和学生一起成长

克拉玛依市第十六中学　王蓉

2016年，我带着青涩迈出大学的校门，带着对未来的期望跨进小学的校园，开始以教师的身份开启一场奇妙的旅行。我从一个坐在讲台下听课的学生，变成了一个站在讲台上上课的老师，这种感觉奇妙不已。教育学生就像牵着一只蜗牛在散步。和学生一起成长的过程中，虽然也有生气和失去耐心的时候，但在不知不觉中学生给了我最幸福的时光。老师因学生而存在，正因为有了他们，我的业务才一天天熟练，经验才一天天丰富，教学才一步步得心应手，同时感受到了陪学生走过他们一生中最灿烂的孩提时代和青春岁月，是多么幸福！放慢的脚步，慢慢地陪学生一起成长，我也会闻到花香，听到鸟鸣，看到满天的星斗！

刚接手小学数学教学工作的时候，我的内心十分忐忑和不安。在我自己的学习经历中，老师一直都是比较严厉的形象，所以我也很严厉。我一直认为我这样“严厉”，是为了学生好，是为了让学生更好地掌握知识。但接触到张连勇老师提出的“五个儿工程”后，我的内心受到了极大触动。当年的自己也曾期待老师能和自己像朋友一样来相处，期待老师的表扬，一句简单的表扬甚至能让我高兴好几天。因此，从那天开始我就用张连勇老师提出的“五个儿工程”记录我每一天的教学生活，痛并快乐着。

我第一次接触的学生是三年级的，刚见面时他们用一张张可爱的笑脸迎接我。在这批学生中，让我印象最深刻的是那个叫小娜的孩子，她有一双明亮的大眼睛，看向你的时候眼睛里面闪着亮晶晶的光，每次都让我有种想抱她亲她的冲动。可她的成绩却没有那么闪耀，上课提问的时候从来见不到她亮闪闪的眼睛，她一直都是低着头不敢看你。在课后，我主动找她聊天，一开始她总是害羞地低着头，玩着手指，不肯抬头看我一眼。我并没有生气，没有放弃她，因为我的心里一直有她那双明亮的大眼睛。后面通过课后辅导和沟通，小娜慢慢向我敞开了自己的心扉。作为家里的老大，爸爸妈妈将关注力都放在了年幼的妹妹身上，她的作业无人辅导，内向的性格也导致她不敢向老师同学开口请求帮忙。从此之后，我的办公室就多了一个每天来报到的“小喜鹊”，每天讲几道题，抽背一下概念，或者跟我说说今天开心或不开心的事。当那双明亮的大眼睛忽闪忽闪看向我时，我的心灵再次被触动了。没过多久就看见那个眼里有小星星的孩子在课上第一次举起了手，虽然犹犹豫豫手举得不够高，回答问题的时候声音还有点抖，但回答得十分正确。我微笑地看着那双眼睛，带着全班学生一起给小娜鼓掌，祝贺她第一次主动回答问题。课后小娜飞奔到我身边：“老师，老师，老师我做到啦，我回答正确啦！”那是一张阳光明媚的笑脸，如夏日里耀眼的阳光照进整间办公室，照进了我的心里，暖暖的，真好。之后的小娜，在课堂上不再躲闪，下课后也喜欢来找我闲聊两句，喜欢写小纸条表达对我的喜欢。

教师这个职业就是在不断学习、不断反思的过程中成长。在2020年这个特殊年份毕业的学生，更是带给了我很多反思，我也在这些学生身上得到了成长。这一年我第一次接触一年级的学生，在一年级的课堂中，鼓励、表扬、赞美随处可见，而六年级的学生却很少得到赞美。教一年级的学生再次改变了我，让我看到鼓励和表扬可以影响和改变学生。我也开始自省，开始更多地表扬六年级的学生。作为学校的大哥哥大姐姐，我一直把六年级的学生看成小大人，却忽略了他们还是孩子，还是需要肯定的孩子。在复习整理的阶段，一开始没人愿意分享自己的总结，也不愿意上台展示。我告诉学生，你站上台就已经远远超过其他人，你不试一试怎么知道自己不行呢？不要小瞧了自己的能力。小阿在课后主动找我说，老师你觉得我可以吗？我回答，当然可以。小阿对我说，老师，你相信我吗？我说，相信呀，我相信你是最棒的那一个。这个男孩子犹豫了两分钟后坚定地看着我说，老师，我试试吧，但是我可不保证我能讲好。就这样，这个觉得自己一定讲得不怎么样的学生，站上台带着大家梳理知识点，剩下的学生帮忙补充。我的肯定成为学生强大的后盾，后来要报名展示的学生越来越多，我让他们成立小组，小组成员分工汇报知识，课堂完全不需要我组织，我只在有疑问的时候对台上的小老师进行提问。站在后面听学生分享的我，真觉得他们长大了，只要给他们展示的机会，这些小小的星光就会汇聚成耀眼的光芒。

我的表扬，我的鼓励，让一年级的学生养成好习惯，让六年级的学生自信地表达，这些学生都在一步步地向着优秀的方向前进。用爱浇灌，用心呵护，这些我在生命中遇见的一个个小可爱，都在用他们的行动温暖着我。毕业的学生写小纸条告诉我，虽然她的数学不是最好的，可她觉得我教得最好。现在二年级的学生不管在哪看见我，都会挥着小手和我打招呼，会飞奔过来和我拥抱。在这里，我很感谢张老师提出的“五个儿工程”，它让我辩证地看待自己和别人。反思是对过去的思考，从中可以吸取教训，也可以总结经验，经过记录与反思后形成的认识，才能真正变成自己的思想。虽然我的“五个儿工程”刚刚起步，我还不够优秀，但我已经迈出了最重要的一小步，我已经开始在读书中受益，在反思中进步和成长了。

成为老师的短短这几年，有过泪水，有过难过，但更多的是学生带给我的感动和温暖。作为老师，我要学习的还有很多，在实践“五个儿工程”和“‘四导’教学”的路上潜心学习，让自己努力生根，等待开花。在今后的路上，我会带着爱和学生一起成长。亦师亦友，教学相长；不忘初心，方得始终。

感谢相遇，一路追光

克拉玛依市康城小学轮岗教师　何花

2022年8月，我非常荣幸成为首批数学交流轮岗教师，抱着一颗学习的心，走进温暖的南湖小学大家庭。

日月如梭，岁月如织，时光不负有心人，它记载着付出与辛劳，见证着积累与成长。

在这一年的时间里，我最想说的两个字是“感谢”，感谢南湖小学这个充满温暖的大家庭，感谢对老师们充满信任的领导，感谢南湖小学优秀的数学团队，感谢可爱并努力的学生，感谢与我同频共振的家长。正因为有了大家的陪伴，我这一年的轮岗教学生涯才忙碌而充实，收获、成长了许多。

在轮岗教学中，我承担四年级一班和二班两个班的数学教学工作。我不以“过客”的心态轮岗，而是从心里把轮岗学校当作自己的“家”，要交付真心，更要付出大量心血。

上班第一天开大会，第二天面对全新的学生和家长开始上网课，这对我来说是一个极大的挑战。我立即召开线上家长会，让家长认识我，了解我，清楚我对学生的学习要求。第三周上线下课，我以最快的速度有针对性地了解每一位学生，第四周又开始线上上课……学生长期上网课，怎样学习才能有效？课前提要求，课中提问，课后跟进评价。每天认真批改每一份作业，给予学生有温度的评价，每天评出优秀作业，在第二天作业讲评前给予表扬，让学生每天的学习清晰可见，充满期待。每周总结评出数学作业小达人。根据学生的课堂表现、作业表现，每月评出数学学习小标兵和数学进步之星。根据一学期的表现，在学期末颁发最佳作业奖、计算之星奖、数学优秀奖、进步之星奖，让学生的学习过程有迹可循，并给予学生满满的仪式感。

在数学教学工作中，我将“合作学习”策略应用到课堂中，努力营造轻松、愉悦的课堂氛围，引导学生形成会思、善表达的学习习惯，让学生插上思维翅膀，在数学活动中好思路、好想法、好创意层出不穷。

在与学生和家长相处时，像朋友一样走近学生，走近家长，用心去倾听他们的需求和感受，顺应每个家庭的习惯和教育理念，赢得家长和学生的认可与支持，让学校教育和家庭教育携手前行。平等对待每一个学生，充满期待地鼓励，满怀耐心地指导，让每个学生都能够得到肯定与支持，并定期将学生进步的喜讯与家长分享，用真诚的正向期待逐步引导学生规范行为和提升成绩。

功夫不负有心人，一份付出一份收获！这学期期末考试我班学生取得了可喜的成绩，也为自己的轮岗教学生涯画上了一个圆满的句号。

冰心曾说过：“世界上没有一朵鲜花不美丽，没有一个孩子不可爱。因为每一个孩子都有一个丰富美好的内心世界，这是学生的潜能。”而我要做的便是去发现和挖掘这一潜能，守护这世上最美好的心灵和最明亮的眼睛。我也希望自己始终做个“静听花开”的“有心人”，做到“心中有教育”“心中有学生”。每一位学生都是一朵与众不同的花，在属于自己的花期里一定会开得格外美丽、灿烂，学期末我对优秀的学生和进步比较大的学生进行别具一格的专属奖励。

在南湖小学的这一年，我遇见光，追随光，成为光，散发光，成为更好的自己。在今后的教育生涯中我依然会心怀梦想，脚踏实地，全力以赴，一路追光。

童心，同心；同行，同幸

克拉玛依市康城小学　刘敏

1985年9月10日是新中国第一个教师节，2023年9月10日是我的第一个教师节。2023年我是学生，2023年我也是老师，从大学校园踏进小学校园，从学生成为老师，身份发生了转变，但我还是乐天派，从内心深处认为教育是一件简单的事情，真正认识到教育不易是遇到他们之后。

这个学年，我担任了一年级三班的班主任，小白是这个班级中突出的一位，第一次接触，他就给我留下了这样的印象：聪明，脑子活，反应快。但随着时间的推移，我发现他虽然上课发言积极，思维敏捷，但他的行为习惯却非常令人担忧：争强好胜，对自己过度自信，常惹是生非。当与伙伴发生口角时，他总是据理力争，从不肯吃亏，宽容在他的眼中是懦弱的表现；有时他违反了班规，我找他谈话，他总是满脸不服气，所谓“歪理十八条”，他是条条有理。

他每次在课堂上讲话，我都会点他的名，可以说那段时间他被点名的频率是最高的。第一次点到他的名字，他很惊讶，被震住了！看来记住学生的名字真的很重要！每次点到他名字，他都会收敛一下，但等一下又管不住自己了。我想：突然让他在习惯上有大的转变是不可能的，何况他还是什么都不懂的孩子。我还需要更多的时间和更多的努力！“春天开花，青禾的成熟需要时间。”

后来我发现，你上课不叫他回答问题，他会生气；他上课接话，你不理他，他会生气；听写或者口算没拿到满分，他会撕掉那张纸，甚至上课时会突然生气要跑出教室。他好像有点“愤怒调节障碍”，有时口出恶言，甚至连爸爸妈妈也要一起打。

有一次数学课上，到时间后他的课后题还没完成，他就把桌子上所有书推到地上，还掀翻了自己的桌子，低着头大喊：“我根本就做不完，我不优秀了，我不想上学了。”正在上课的我看着他又开始发脾气怒火中烧，其他学生看着他不知所措，我大跨步走到他跟前，正想批评他，突然看到他的泪水一滴一滴落在桌子上，我想到了小时候每次回答问题都害怕说错又极想表现好一些获得老师认同的自己。是呀，他是想展现自己最好的状态，害怕老师和学生不喜欢他，这本质上是自卑的表现。我吞下了批评的话，走过去摸摸他的头，说：“老师一直认为你是个很努力的好孩子，也很喜欢你！可是你现在的行为是不好的行为，我们在课堂时间就要学习，没做完你可以跟老师举手示意，而不是乱发脾气。认真做题的你是个好孩子，乱发脾气的你就不是好孩子了！我们先上课吧，下课你来找我聊聊。”他擦擦眼泪，偷偷瞥了我几眼，发现我真的没有要批评他的意思。他沉默了，旁边的同学帮他将书本、课桌摆放好，我们继续上课。

课间，他站在我的旁边满脸纠结，支支吾吾想说些什么。想到在践行的“五个儿工程”，我决定给他一个台阶，拉着他的手问：“你还会犯同样的错误吗？”他说：“我害怕大家误会我，我喜欢你，我就想好好写完作业，我没有忍住发脾气，你别误会我了。”我跟他做了约定：上课没有完成任务不可以发脾气，想发脾气的时候在心里先数123，只要有一整天没发脾气就可以到我这里领取小贴纸，攒够数量可以兑换小礼品。

之后，他的确没有犯同样的错误，因为下一次，他会撕了口算纸，跟你认错，或者不跑出教室，自己生气地趴桌子上。但总算不扰乱课堂纪律了，没有安全隐患，所有事情都在向好的方向发展，他的确在一点一滴改变，现在的他已经能很好地控制自己的情绪了。

临近元旦的一天早上，我来到教室门口时，发现他正等在门口。他高兴地向我问好，然后悄悄地递给我一张自制卡片，说：“这是我亲手做的，送给您，老师。”我看了看他的神态，那目光是真诚的。

春生夏长秋收冬藏，一路同行，青禾慢慢成熟，我也收获了沉甸甸的爱……

教育的本质是一棵树摇动另一棵树，一朵云推动另一朵云，一个灵魂唤醒另一个灵魂。

教育的过程并不是一个人去雕琢另一个人，而是在共同成长过程中相互陪伴，共同向前。

带着爱，我们慢慢走。

遇见更好的自己

克拉玛依市康城小学　赵艳荣

柳枝，遇见春风，便有了“万条垂下绿丝绦”的灵动！

花儿，遇见阳光，便有了“千树万树梨花开”的绚烂！

禾苗，遇见雨露，便有了“惟有青青草色齐”的生机！

我，一直践行着张连勇老师提出的“五个儿工程”，因此，才遇见了更好的自己。现在再翻开当初自己的记录，文字中虽透着自己刚上班时的稚嫩与青涩，但回想自己的每一天过得那么充实，有自己对课程的思考，有自己与学生的故事，有自己专业上的成长……我想自己是幸福的。现在我虽然没有再以这种方式来督促自己成长，但是我依然坚定不移地走在落实“五个儿工程”的路上，只是将更多的时间花在读书和陪伴学生的教室生活上了。

有人曾说过：“你在读书上花的任何时间，都会在某一个时刻回报给你。”

教师的专业成长需要理论指引，没有理论支撑的实践是盲目的实践。应该说自己是幸运的，因为我们学校十分重视师生的阅读，现在更把阅读当成头等大事来抓，特别要感谢学校对教师快速成长的要求；同时，自己也是幸福的，因为师父殷老师经常给我推荐阅读书目和关于教学的好文章，并时不时地督促我，让我逐渐养成了阅读的习惯，让我不敢也不能偷懒。

缘于师父殷老师的推荐，我从去年开始订阅《小学数学教师》这本数学杂志。它贴近教改前沿，是小学数学教改的冲锋号。书中的一些新的教育信息、新的教育理念、新的教育教学方法，对我的教学帮助很大。

作为一名小学数学教师，我更加希望能在教学方面得到一些切实的、具体的帮助。怎样处理教材难点，怎样设计创造性教学方案，等等，《小学教学教师》中都有提及。它的教案设计新颖，教学随笔精致。《小学数学教师》中不仅有吸引人的故事、闪光的教育思想，还有教育界的精英人物及他们先进的教育理念，我从中学习先进的教育手段，慢慢运用到自己的数学教学工作中。

例如，2019年第二期杂志中的《基于结构化的单元整合教学》这篇文章，恰好整合的是我们本学期即将要学习的“100以内数的认识”这个单元。仔细阅读完整篇文章和《教师用书》，基于学生现在的水平和能力，我将整合的内容设计成为自己课堂上的练习，以此来评价学生的掌握情况，感觉效果很不错。我想只有将自己在阅读中学到的东西为自己所用才是有效的阅读。

《小学数学教师》宣扬尊重学生；宣扬唤醒与赏识学生；宣扬人格平等基础上的情感交流；教育我们用心灵感受心灵，用生命点燃生命，用智慧开启智慧。

上学期，我开始阅读《小学数学教材中的大道理》这本书。本书是张先生近年来小学数学教育研究成果的集中呈现。教材是根据学科课程标准系统阐述学科内容的教学用书，是教师教学与学生学习的依据。相信老师都有这样的感受：尽管小学数学教材难度不大，但要真正教好并非易事，因为教材中的许多知识点具有丰富的数学背景和内涵。如何在课堂上用通俗易懂的语言解释给学生，同时做到“混合不错”，一直困扰着广大小学数学教师——真可谓“小”数学中也有“大”道理。

这学期，数学组共读的书籍就是这本书，再读一遍，收获又不一样，为了更好地互相督促和交流，我们建立了阅读打卡群。与此同时，在师父的推荐下，我还加入了《小学数学教师》杂志主编陈洪杰老师的“跨越断层，走出误区”打卡群。在这里，我每日不间断地与全国各地的数学老师共同交流读书感受，获益匪浅。例如，“数感”是可以“数”出来的，“数感”是可以“读”出来的；摒弃以往运用多组算式通过计算来证明运算定律的成立，而运用几何直观（画图的方式）来教授运算定律，学生更易于接受和理解；等等。

此外，师父建议我养成写读书笔记的习惯，因此我在看书的时候，会做一些记录，其中有自己的心得，也有自己认为书中比较好的方法或理论知识，这样印象更为深刻。

读书学习是教师实现专业成长的“加油站”，我们只有不断地学习，充分为自己“充电”“蓄能”“吸氧”“补钙”，才能有底气源源不断地接受源头活水的补给。

在康城小学，我除了是一位数学教师，还有另一个身份——包班教师，这就让我有更多的时间与学生相处。我和语文老师一起从早到晚陪伴，和学生一起沐浴阳光风雨，真的很幸福！记得去年秋天，第一次当一年级班主任的我，在各方面都显得无从下手，我除了向同级部的老师请教，还不断地请教我的师父——殷老师。是她耐心地给我建议，教给我与家长的沟通方法，给我推荐了薛瑞萍的《心平气和的一年级》。这本书给我的最大的启示是要心平气和地等待学生成长，相信每一朵花都会开放，只是花期不同。我不断地尝试将书中所讲述的“亮点”用到我自己的班级管理中，通过不断实践，提高自身能力。

记得在迎接一年级新生那天，沙同学给我留下的印象最深刻。当妈妈把他送到教室转身要离开的时候，他哭着要跟妈妈一起走，最后他妈妈硬是把他留在了教室。接下来，他坐在座位上，抱着自己的水杯，只是哭，不愿意别人动他的物品，不愿意脱下外套，当然也不愿意说话。

看到这个学生的状态，我很着急，急忙与他妈妈沟通，得知他因为身体弱，容易生病，所以幼儿园没怎么上，经常是妈妈带在身边，普通话水平较差，现在进入小学，特别不适应。面对这种情况，我先和他套近乎，想让他消除紧张与焦虑，军训的时候，关心他什么时候喝水；排队的时候，让他站在第一个，一星期过去了，他愿意来上学了，也不哭了。就这样，我对沙同学的关爱像一缕春风，慢慢地温暖了他。

后来通过家访，了解到这个学生的家庭比较特殊，我就更加关注他的学习，及时了解他的家庭生活情况，在教室里及时纠正他的坐姿，并帮他改掉用左手握笔的习惯，对于他取得的不错的口算成绩，及时给予鼓励。平时通过走访入户，指导他妈妈教育孩子的方法，在他生病期间及时去看望，并帮他辅导落下的课程内容，在他家里与他们共进晚餐……就这样一点一点拉近了我和他还有家长的距离。后来我发现沙同学在课间愿意主动来找我聊天，例如，他特别兴奋地跑过来对我说：“老师，今天爸爸下午早点来接我，奶奶生日。”“老师，不舒服，给妈妈打电话。”“老师，我的鞋带。”……就这样，从一开始我完全不懂他想表达的意思，到后来从他说的关键字里能明白他想干什么，这就是一种默契。最让我欣喜的是沙同学不仅愿意说了，而且普通话说得越来越好了。

去年冬天的一个课间，我一转头刚好看到沙同学给了别人一拳，心里想

“这个孩子怎么这样啊”，并批评了他。我以为他会接受我的批评，没想到他第二天死活不愿意来学校。早上他爸爸着急地给我打电话说了情况，我问了他们的具体位置，然后立刻穿上羽绒服去接沙同学。天蒙蒙亮，还没有走近，就听到了孩子的哭声。我跑到他们父子俩跟前，接过他的书包，对他爸爸说：“孩子交给我吧，你还要赶着坐班车呢！”他爸爸连声说着：“谢谢老师！谢谢老师！”在回学校的路上，我问他不愿意来学校的原因，刚开始他不吭声，后来开口了，他说：“老师，你为什么不说他？”刚开始我是蒙的，然后仔细回想，原来是因为我前一天片面地处理了那起“动手”事件。于是，我继续问他昨天事情的具体经过，回到班级里重新处理了这个小摩擦。沙同学和那位同学都化解了心中的疙瘩，这才圆满了。他又像往常一样愿意和我谈心，喜欢做口算题了。

在今年的世界读书日我校开展了校园读书节活动，大部分学生在前一天就做了准备，第二天一早就来参与读书节现场的购书活动了，在人群中我看到了沙同学由于不能购买图书而失落，于是我走进购书点，为他选了一本我认为不错的、适合小朋友看的书，回到教室我在书的封面上写下了“祝愿宝贝儿越来越棒！爱你的荣荣老师！”。等到下午放学的时候，我把沙同学留下来，然后拿出了我为他购买的书并送给了他，我从他脸上看到了惊喜与幸福。晚上，我接到了他妈妈的电话，她特别感谢我，说孩子回家捧着书，并亲了亲书，还说他喜欢荣荣老师。

每个学生都是一颗种子，只不过每个人的花期不同。有的花一开始就灿烂绽放，有的花需要漫长的等待。只要我们愿意等待，学生便会越来越好。

回头看自己的来时路，我想说，因为有阅读为我的成长奠基，我变得充实而有思想；因为有实践为我的行动奠基，我变得细致而温暖。

有一个绘本故事叫作《犟龟》，里面讲只要上路，终会遇见属于自己的庆典。其实，我们每一个自己，都是清晨迸发出的一缕光芒，记录成长足迹，行动起来，坚持下去，就能成为更好的自己！加油！

双向奔赴的我们

克拉玛依市康城小学　郑银雪

时光荏苒，不知不觉我踏入教师这个充满挑战的行业已经3年多了，从一无所知的菜鸟，到现在有了一定的经验，我也在艰难地成长着。我从小就不善言辞，面对叽叽喳喳的学生更是不懂相处之道。相较于老师这个身份，其实我觉得我更像一个和他们一样的学生，他们学习如何做一个学生，我学习如何做一名教师，我们共同在犯错中成长。就这样，在跌跌撞撞中我们迎来了第四个年头。

一、“你要相信他们”

在和学生相处的过程中，我发现不只是他们向我学习，我也在他们身上学习到了很多。

我向他们学习到的第一个词就是“相信”。

以前我和师父在研究公开课的时候，我最爱说的话就是，“他们能说出来吗？”“他们能说到点子上吗？”“这个问题难吗？”“他们回答不上来怎么办？”师父总是说：“学生的想法可多了，他们能说出来，你要相信他们。”

相信是一个充满重量的词汇，蓦然回首，再看学生一年级时的照片，原来他们已经长这么大了。原来在无形中我与学生也多了一些默契与信任。我出班级，班长会管理学生，学生会静心学习，只要任务指令下达，大家都各司其职，班级中的大事小事几乎都可以让学生自己承担。原来在无形中我们已经变得互相信任，在课堂上我也越来越敢于放手。在时间的浇灌下，“相信”在悄然生长。

二、“偶像光环”

我从学生那学到的第二个词是“偶像光环”。

三班的班长小胡同学在我们老师眼里是一个管理奇才，总是能把班级管理得井井有条，班里同学间的小摩擦都能由他来处理，老师最讨厌听到的告状在三班很少出现，原因竟是他们都告给了班长。班里上到一米六的壮汉，下到文文静静的小女生都非常服他的管理。其中的缘由我想来想去想到了“偶像光环”这个词，首先胡班长特别能以身作则，自己自习绝不说话，爱护班里的公物，对待同学也总是公公正正，让同学佩服不已，哪怕成绩不是那么拔尖，但是在同学眼里他数一数二。他自己也非常有“偶像包袱”，绝不做有损班长形象的事，实打实地贴上了“好学生”的标签。

原来“偶像光环”能够让学生产生自律心理，这让我产生了灵感。

班里有个成绩数一数二的学生，但是他的习惯非常不好，爱接话，上课坐不正，喜欢讲一些废话逗得大家哈哈大笑，我决定让他也给自己背上“偶像包袱”。于是在一次私下会谈时，我问他：你知道为什么你成绩那么好，同学们还是觉得你没有班长好吗？他摇摇头。我又问：你知道为什么班里同学们对班长的评价那么好吗？因为他一直受到老师的表扬，你虽然成绩好，但是在各个方面总是被老师点名，同学们自然就觉得你不好，所以学霸要维护学霸的光环。让同学们喜欢你，不是靠一些幽默话，而是要维护好自己的形象。

从那以后，他收敛了许多，我好像在他背后也看见了“偶像包袱”。

工作三年来，我每天和学生在一起的时间比和家人在一起的时间都长，和学生朝夕相伴，践行“五个儿工程”，与学生多说几句话，多赞赏学生几句，同时不忘反思自己。他们向我学习，我也向他们学习，我们双向奔赴，共同进步。

未来路长，愿双向奔赴的我们有更加美好的明天。

呵护成长，并肩前行

克拉玛依市第八小学　班莎芮

踏上工作岗位，在践行“五个儿工程”的过程中与学生共同成长，不断进步。

一、走近教育，初为人师

细细体味近两年教育时光中的点点滴滴，我仔细回忆着自己经历了什么，思考着自己学会了什么。身边的教育故事唤醒我、打动我，观察着教育时光中的自己，我看到了自己与学生的成长。

2018年的秋天，伴随着开学典礼的进行，带着美好的憧憬和期待，我踏上了向往已久的教师岗位。学生第一次做小学生，我也是第一次做老师，刚工作的我，从学生转换成教师，在手忙脚乱中努力地成长着。

刚走上讲台的我，由于对教材把握不到位，缺乏课堂管理能力，课堂上会出现教学内容没有完成、知识点和能力培养没有落实和达标，甚至课堂上一团糟的情况。最初我以为学到一些教学技巧和课堂管理的方法后，情况就会有很大的改善，但事实并不是这样。慢慢我发现教学技巧的使用如果脱离了知识和学生，也只是空洞的表演，课堂管理的方法五花八门，难以选择。在焦虑和不安中，我开始结合学情和课堂摸索和学习。

一个学期努力下来，课上渐渐有了改善，我和学生之间建立了信任，有的学生从不会加减法到能够独立解答题目，有的学生从用数学语言表达困难到能够大胆自信地表达观点，有的学生从不敢举手发言到勇敢上台展示……

二、小朋友，谢谢你

这一段内容要从我和学生的沟通交流谈起。每日的教学工作有很多，那么留给自己与学生沟通交流的时间有多少呢？记录每日实施的“五个儿工程”，将自己与学生的互动交流记录下来，可以看到自己与学生的成长，对我的工作也有很大的帮助。在从教一开始我遇到了几位学生让我感到教育很困难，但是现在回想起来，我很感谢他们，是他们教会了我如何做一名真正的老师。

我记得第一次对话是在刚开学后的一个课间，小娜很紧张地看着我，我问她：“1加2等于几？”她没有办法回答，我在黑板上严肃地摆着教具和她讲1加2等于3。之后我又和小娜同学进行了多次这样“严肃”的辅导，但小娜的学习并没有什么进步，只是她见到我越来越紧张了，因为我总是让她去学习一些让她感到很困难的东西。之后我了解到她的爸爸经常外出上班，妈妈因为语言沟通困难没有办法辅导她的学习，并且小娜在上学之前也并没有学过任何知识，我明白了小娜学习困难的原因。

好几天我都在想该怎样帮助她呢。从当时的情况看小娜不喜欢我，一谈到学习就很紧张，我看到她也很头疼，我想那么就从现在开始改变吧。我还记得这个改变的开始是这样的，有一天我问她：“小娜，你喜欢学习吗？”她很勉强地说：“喜欢。”我给了她一颗糖。我问她：“甜不甜？”她说：“甜。”我告诉她：“学习和吃糖果是一样的，是甜的。”就这样我和小娜同学开始了“甜蜜的”的学习之路，我还是会经常辅导她，但和之前不同，严厉和批评少了，表扬和鼓励多了。每当她出现学习困难时，我不再是严肃批评，而是会不断地去反思问题出在哪，怎样帮助她克服困难，同时尽量每天都和她沟通了解她的学习情况。慢慢地她的学习有了进步，更让我感到高兴的是她每次在路上遇到我都会高兴地大声打招呼。她不仅成绩取得了进步，还与我建立了良好的师生关系。上大学时教科书上常常会出现“建立良好的师生关系”这句话，我从事教师工作后，才亲身体会到“建立良好的师生关系”的重要性。

我看到教室的一角坐着一个小男孩东张西望，手不停地动，上课时老师在讲什么他根本听不进去。下课了在楼道里追逐打闹的是他，上课打铃了在教室里看不到身影的也是他。他是小东同学，很淘气，学习成绩很不好，最让我头疼的是他经常懒得动笔，一个字都不写。由于成绩不好，又没有良好的学习习惯，小东同学很少得到老师的肯定。作为老师的我往往也会用很高和更严格的行为标准来要求他，但这样的结果往往适得其反。我觉得自己作为老师没有和他进行有效的沟通，只是一直在要求他要做好。

初为老师的我当时真的不知道该怎样帮助他，当我看到“消除孩子的不良行为，鼓励孩子的积极行为”这句话时，我认真地思考该如何消除小东的不良行为。每当小东淘气时，我一定会及时和他说这样是不对的，会影响别人，要改正；当小东上课扰乱课堂时，我会下课后和他说，要举手发言，认真听讲。很多话似乎是每天要讲的简单的道理，但我会坚持不懈地和小东说，也会通过文字记录下来小东的一些日常表现，看看他是否有改进。

小东的变化很少也很慢，我会更努力地去发现他的优点和长处。当他上课可以坐端正并且举手发言时，我会表扬他的进步。在生活中也会更加关心他，记得他有一次得了猩红热需要在家隔离很长一段时间，我及时打电话问候他，告诉他请假期间我们学习了什么内容，等他来到学校后又给他单独辅导。当天气变冷他衣服穿得很少时，我会关心他并及时与他的家长沟通让孩子添衣保暖，慢慢地，我看到了他的变化。现在，他的成绩虽然还没有明显的进步，但我看到他的一些好的行为习惯正在慢慢养成。学生就像一朵朵小花，老师的温暖和鼓励就是他成长的雨水和养料，用心浇灌总会开出美丽的花。

三、呵护成长，并肩前行

有个很腼腆的小姑娘，她每次举手时都很犹豫，想举手又不敢举手，有一次我单独找到她，问她：“为什么每次举手都会犹豫呢？”她说：“害怕回答错。”我鼓励她积极参与，而且我很期待听到她的回答，之后我在学校也会经常表扬和鼓励她，并将她的进步写在给她的“表扬信”里。慢慢地，她举手越来越积极，对待学习的态度也越来越认真了。国庆节时，她画了一只漂亮的小熊给我，说谢谢我对她的鼓励。

回想起自己上学的时候班主任教我学习的情景，她会很细致地指导我们，一笔一画地教我写字，小学养成的学习习惯一直到大学还在影响我。自己一路走来，遇到了很多的好老师，是他们的帮助与鼓励，让我更好地前行。

我想到之前看到的一句话：“教育的本质意味着，一棵树摇动另一棵树，一朵云推动另一朵云，一个灵魂唤醒另一个灵魂。”我的老师就是这样的一棵树，轻轻地摇动我，推动着我的前进。接下来，我会继续和可爱的学生并肩前行，呵护他们成长，一起看更美的风景，共享精彩旅程。

“‘五四’教育”助我成长

克拉玛依市第八小学　王星睿

去年9月，我怀揣着希望，从大学生转变成一名光荣的人民教师，走入课堂，走近学生，感受新的环境，融入新的集体。

从进入第八小学工作以来，我就被八小大家庭兢兢业业的氛围所感染，本以为自己身为新人有足够的热情，但当我看到老教师在夕阳西下之后依旧在办公桌前伏案执笔，我感慨万千，而这幅景象正是“鹤发银丝映日月，丹心热血沃新花”的写照。

“以尽美的教育照亮儿童的未来”是第八小学的办学理念，我们八小人将“尽美教育”这四个字融入自己的课堂，尽自己最大的努力给我们的学生尽美的教育。

2019年是我校的教育质量提升年，学校领导带领我们分析学生情况，寻找问题根源，寻找解决办法，引导全体教师进行差异化教学课堂的教学实践。罗校长、陈玉茹老师多次对我们进行差异化教学培训，各学科根据学科特点、学生年龄特点和具体情况分层。“因生而异，因材施教”是不变的主旨，而我们采用差异化教学的目的则是让不同的学生得到不同的发展，这也是课标所提出的。经过2019年上半年一个学期的尝试，我们发现在课堂中采用合作学习的方式更能够促进差异化教学，于是开始“差异化教学+合作学习”的课堂改革。不得不说，课堂改革的路是崎岖的。作为一个充满干劲的新人即使碰见困难，也依旧“迎难而上”，不懂就问，有想法就立刻付诸实践。现如今整个八小都在不断探索改革。众人拾柴火焰高，集体的智慧、集体的力量是无穷的，从每一次的教职工大会、每一个学科的教研活动、各个年级组的集体备课，到桌边教研，都在不断交流探索如何让我们的课堂更快转变，如何更好地将“差异化教学”融入课堂。通过一次一次的经验交流、自我反思中，我们必将打造出属于自己的特色课堂。

接下来我必须说一说成长背后的团队——第八小学数学教研组。在第一次教研活动中我就被第八小学数学组浓郁的教研氛围所感染，被严苛的青年教师考核所震撼。每月一次的汇报课，青年教师解题大赛、备课大赛，“五四工程”的记录，课标的研读和摘抄，每周的定量试卷练习……细数起来，短短的一年时间里，我确确实实得到了不小的锻炼，每一次磨课、每一次比赛都是成长，在这一次次的学习中不断扩充自己，一步步走向成熟。

每一次教研活动我们都有明确的主题，对明确的问题进行研究探讨。每一次的研讨课我们都会针对这一节课出现的问题进行研讨，根据这节课的教学目标、教学重难点、教学过程进行评价。对我们青年教师来讲，每一次的校内展示课都是一次磨炼、每一次的评课都是我们不断学习、充实自我的机会。

说实话，站在这里与大家交流，我的内心是忐忑的，我是一名工作没几年的新教师，缺乏经验，缺少积累。入职参加的第一个培训便是张连勇老师的“‘四导’教学”培训，观摩的是“‘四导’教学”的展示课。第八小学“‘四导’教学”的先行实践者顾瑞雪老师是我的师父，我这个没有任何教学经验的新手从头到尾接受的都是“四导”的洗礼。

上班第一年便接手了毕业班，一开始固然是惶恐的，踏上讲台的时候内心也是惴惴不安的，心里就想着以前我的老师是怎么教我的，那么我就怎么教他们。于是我的课堂从头到尾都是我一个人的声音，我对知识点进行重复、重复再重复，一句话反反复复说好几遍，总是担心学生记不住、接受不了，但这样的课堂不只我上下来觉得很累，学生也是疲惫不堪，于是我就搬上我的小板凳去听师父的课，找寻问题的原因了。师父的课并没有过多的言语，但每一句话都是非常精辟，每一个提问都很精准，并且学生的表达欲望十分强烈，他们有很多的想法想要去表达，而我在我的课堂上却并没有将学生的需求作为主体。听完课之后我对自己的课堂进行了进一步反思，想到了张连勇老师培训的“‘四导’教学”的教学理念，想到师父的课堂，我便开始慢慢对“四导”进行摸索。师父的课，实实在在是以学生为主体，注重“引导，诱导，指导，互导”的课堂。在课上，师父认真倾听每一位学生的发言；合作学习的时候，走到学生中去倾听每一个小组的交流，但不插手；小组汇报后，明确给出每一个小组切实的评价，尽可能将整个课堂放手交给学生，在不断对理论知识进行学习再学习的过程中，我开始慢慢转变自己。认真备课，精炼自己的语言，提出针对性问题，把握好每一个教学环节。都说上好一堂课，课下所下的功夫更多，不仅要备教材更要备学生，了解学生的前知，明确学生的需要。在合作学习方面，可以说合作学习的理论知识是陈钰茹老师培训的，但实操我却是从学生那里学习的，不论是讨论的组织环节还是之后的汇报环节，都井然有序，一字一句，一行一动，得体大方，让我不自觉地发出赞叹。

那么接下来，我将和大家分享我的教学故事。

关于"'五四'教育"，我从上班的第一周就开始接触并实践了。每日记录"五个儿工程"，与学生不断交流，着实对我的工作方式产生了不小的影响，就像我国著名教育家叶圣陶先生所强调的"教师当然须教，而尤宜致力于导"。

如果说教师的人格力量是一种无穷的榜样力量，那么教师的爱心是成功教育的原动力，正如陶行知先生所说的："捧着一颗心来，不带半根草去。"教师的爱与尊重是照亮学生心灵窗户的盏盏烛光。

小锐是一个性格倔强的男孩子，虽然学习成绩优异，但时常与他人发生争执，甚至出手相向。记得有一次上课，进行课后小测时，他交头接耳不专心，我对他不认真的态度提出了批评，他却直接将本子甩给我，摔门出去了。当时站在讲台上的我内心震惊，但表面还得强装镇定。下课后，我找到他："你觉得今天课堂上你的表现如何？"我问道。他不说话，一直低着头。我继续说道："老师尊重每一位学生，因为我们是平等的，只不过我们的角色不同。但尊重是互相的，既然老师尊重你，那你是不是也要给予我同等的尊重呢？可能老师批评你的时候口气比较严厉，在不经意间伤害到了你，老师向你道歉，那么现在你怎样做才是尊重老师呢？"他依旧低着头不说话，一双手在身前扣着，我能感觉到他此刻的焦灼，我没有过多地逼迫他，对他说："老师也不想过多耽误你课间休息的时间，如果你想明白了，我希望在下节课上看到你的变化。"我说完这句话后，等待了一会儿，小锐给我鞠躬并说了声："老师，对不起，老师再见。"之后就离开办公室了。其实，当时我并没有想到他会有鞠躬这个举动，且在这么短的时间内就能想明白。处在青春期初期的他们，心思敏感，易动怒，这也是我在进行这次谈话时所担忧的，但他的表现却让我倍感欣慰。教育的艺术不在传授，而在于鼓舞和唤醒。这件事之后，每当他在课堂或者作业、考试中出现问题的时候，我都会单独叫他来办公室，帮他分析问题出现的原因，并积极联系家长，就他的近况进行交流，共同探讨教育方法。一段时间之后，我发现他开始有所变化，他开始学着尊重身边的每一个人，在他人回答问题的时候认真聆听，在老师教授的时候也认真听讲，回答问题也更积极了，上课效率明显提高，加之他本就极高的悟性，期末考试时凭借着自己的实力，得到了95分的好成绩，位列班级第二。

师生之间的交流是心灵的交流，贵在心诚，只有当老师的心放在学生身上，老师才能走近学生。学生的心灵如水晶般纯净，又如玻璃般易碎。我们要欣赏他们水晶般的心灵，更要保护他们玻璃一样易碎的自尊。在这之后的日子里，我会更努力地蹲下身子与学生对话，去感受他们的感受。

在遇见一年级之后，我更是将这句话践行到底。

记得有位教育家说过：“老师不一定是什么都知道的，但一定要知道怎样去引导、诱导和劝导孩子。”一年级的孩子是天真的，是可塑的，而我们肩负着启蒙的重任，这是一种幸福，更是一种责任。为学生加油，也为自己加油！走进一年级的教室，一双双天真无邪的眼睛，透露着求知的欲望，但课堂上一个个让老师哭笑不得的场景也是我始料未及的，任你的嗓门有多大，任你的眼神有多犀利，过不了三分钟一切照旧，课堂常规的训练就成为我的“必修课”。定能生慧，静纳百川。培养学生的静气，是父母和教师的共同责任，以静传达静，以静滋养静，要尽量平和地与学生说话。一年级的学生爱听表扬，喜欢被关注，“温严并用”这个词便浮现出来，我何不尝试用表扬鼓励的话来代替训斥呢？我开始试着对影响课堂纪律的学生说“我相信你能做到，能做得更好”，刚开始效果甚微，但在以后的课堂上我坚持鼓励他们，并设立奖励机制，只要举手回答问题、遵守纪律就奖励一朵小红花，作业按时完成、工整，知错就改就奖励两朵小红花，久而久之在学生注意力不集中的情况下，只要我一说鼓励、表扬的话他们就能迅速专注起来，对学生而言一句鼓励的话语会成为他们奋发向上的动力。

回顾这一年，我感到无比荣幸，能够在这样一个优秀的集体里面遇到这么好的数学团队，并且在其中接受“‘五四’教育”的洗礼，鞭策我成长，一步一步实现自己的“1369”的梦想，一步步站稳讲台，在磨炼中成长，找到自己的方向。在今后的教育教学工作中，我将继续记录“五个儿工程”和研究“‘四导’课堂”，不断向师父及老教师请教，用自己饱满的热情去迎接每一项困难。正所谓“不积跬步无以至千里，不积小流无以成江海”，我会一点一点形成属于自己的课堂特色。

小故事大道理

克拉玛依市第九小学　张东桃

在近10年的教学生涯中，我和学生之间的故事每天都在发生，有快乐的、伤感的、令人振奋的，也有让人无奈的。我觉得这些故事最大的价值在于影响了我对教师职业内涵的理解，帮助我在教师岗位上成熟、成长起来。现在和大家分享其中的几个小故事。

一、“开心果”的眼泪

周同学，现在所教五年级的一个小女生，她上什么课都玩，每节课都被点名，走路时总用半面身体擦墙而过。说她是“开心果”是因为她玩的内容真的很“好玩”。例如，上课时把整个桌面用橡皮擦个遍，小心翼翼地用手把橡皮末扫到一起，双手垂到身体两侧，用被脑袋压变形的下巴支在课桌上，鼓圆腮帮子把橡皮末均匀地吹满桌面，如此反复，乐此不疲，或者拿张纸巾蒙在嘴巴上往外吹气，看到她专注地玩这些游戏，真的是又好气又好笑。前几天上课时，看到她把口罩戴到了眼睛上晃着脑袋前后左右地看。我忍不住开玩笑说：“周同学，你是在以实际行动告诉我你不想面对老师吗？”学生的目光投向了她，随即爆发出一阵哄笑。我制止了学生的笑声，让她戴好口罩认真听讲，没想到她突然哭了起来，很伤心。于是有了以下对话：“周同学，告诉老师你怎么了。”“同学们嘲笑我，每次都嘲笑我。”“没有啊，你是大家的开心果呢，同学们只是觉得好玩，并没有嘲笑的意思。”“我知道老师你没有，可是他们就是在嘲笑我。”我这才意识到，学生的内心是脆弱的，他们也有自己的思想和情感，我不经意的举动给她带来了很大的困扰和情绪伤害，我内心很是愧疚与自责，于是向她真诚道歉，并通过聊天让她意识到，她自己上课时的有些行为的确不对，要在老师的帮助下加强自我管理，慢慢改掉不好的习惯，让同学们没有嘲笑自己的机会；尽量不理会他们的嘲笑，他们觉得没意思慢慢地就不嘲笑了；分辨清楚同学们是善意的玩笑还是恶意的嘲笑，因为同学们是很少恶意嘲笑别人的。最后告诉她："如果还不行，可以来找老师帮助，老师就是你坚强的后盾。"离开办公室时她又变回了一只快乐的小鸟，蹦蹦跳跳的。

二、卡片"交易"

"老师，葛同学在玩卡片！"

"老师，他带了很多卡片！"

"老师……"

还没进教室，迎面扑来的告状声就将我淹没了。"慢慢说，怎么回事？""葛同学他拿了一大摞卡片在玩！""就是，好多好多！"其他的学生也在帮腔。我心里暗自好笑：几张卡片而已，至于这么同仇敌忾吗？可是看着他们一个个欲将他绳之以法的迫切眼神，我意识到：老师天天强调玩具不能带到学校，前两天有两个学生上课玩卡片被我狠说一顿，并当场没收。葛同学拿了这么多，不是犯了大忌吗？怎么办？那只能同等处理了——虽然对我来说这只是一堆无足轻重的废纸，但众怒难犯啊！来到他身边，我声音不高但严厉地说："把卡片给我！"他握着卡片的手抖了一下后握得更紧了。"给我！"我又一次铿锵有力地说。令我吃惊的是，他低着的头抬了起来，拿着卡片的手使劲背到了后面，眼睛直视着我，一副誓死捍卫稀世珍宝的样子。我踌躇了，怎么办？就此做罢，肯定难以服众，以后的工作更难开展；强抢硬夺更不行。葛同学其实很聪明，但学习习惯不好，总是不能完成作业，话也谈过，道理也讲过，对他真是有些力不从心。最近正在为如何"改造"他而头疼，这样一来我就是夺走他心爱之物的恶人，岂不适得其反吗？我决定不再硬碰硬，退一步看看。

我把他带出教室说："把卡片给我，老师先替你保管，好吗？""我不。"他小声而干脆地说。我很惊讶，明明我的态度比刚才缓和很多，他为什么还要明目张胆地跟我对着干呢？莫非……刚才在教室他在顾及我这个老师的尊严，不至于让我难堪？不管是不是，我都很感激他没有当着全班同学顶撞我。于是我摸着他的脑袋问："你真的很喜欢这些卡片，对吗？""嗯。""那这样，老师替你保管，放学的时候再还给你，可以吗？”他半信半疑地看着我。“老师会说话算数的，相信我。”他似乎感受到了我的真诚，慢慢地把卡片交了出来。

“报告！”放学铃声还没停他就迫不及待地来到办公室了。“老师，我的卡片。”“别急，老师这就给你，不过记住以后不许再带来学校玩。”“好！”他终于如释重负。很响地说了声“老师再见！”就没了影子。

第二天我刚进教室，葛同学就拿着练习册递给我说：“老师，我把没做的题都补上了。”“真的吗？”我有点不相信。他看着我，眼里流露出一丝狡黠与骄傲，似乎在说：“你看看不就知道了。”打开一看，果然作业都整整齐齐地补好了，我拍拍他的肩膀笑着说：“对嘛，这才是你应该有的样子。”他满足地走开了。我却迷惑了：这孩子怎么突然间转性了？想到昨天的卡片风波，我明白了。

此后他上课听讲比以前专心多了，也能主动举手发言了。作业不写的情况依然偶有出现，但都能补上。效果比以前的声嘶力竭、疾言厉色好多了，至此葛同学终于让我松了一口气。在这场卡片交易中，他是胜利者，而我是赢家，我们各得其所。

三、小老师的崛起

疫情后的课堂比较沉闷压抑，学生似乎习惯了线上教学时只听不动的状态，把脸藏在口罩下，目光淡然，神情冷漠，一个个深沉得跟小老头似的。为改变这样的局面，我开启了预约制度：预约当天或后面要学习的内容，上课时当小老师。学生的积极性很高，第一天就有5个同学预约，包括班里的佼佼者王同学、中上程度的韩同学、作业三天两头完不成的阿同学、基础很差的严同学、反应较慢但特别用功的陈同学。有的同学会在练习册上写大大的“预约”两个字，还标注“老师，千万不要让别人讲”；还有的同学通过钉钉语音预约并试讲。

通过这样的活动，部分学生的能力得到了极大的提升，学习积极性也有了空前提高。表现最突出的是王同学，她能主持讲解一整张测试卷，还能做到边讲边提问边强调重点，同时调控同学们的听讲状态，俨然就是老师；韩同学能够运用数形结合、文字、列式等形式呈现自己的想法，表达能力真的是有了质的提升。

当然，这样做也有一定弊端：有些学生的积极性并没有被调动起来，继续当着撞钟的和尚，两极分化的情况没有得到改善。所以，近期我对学生进行了分层，中下层的学生有优先预约权，给他们更多的机会和鼓励，希望他们能够更上一层楼。给能力强的学生提供一个题库，创办一个小娃娃课堂，让他们尽情施展自己的才华，绽放自己的光彩。

我的教学三部曲

克拉玛依市第九小学　张东桃

对于某一知识点的教学，我们平时的教学过程可分为三个部分，即备课、课堂教学和课后纠错，怎样才能确保每一个环节都能得到有效实施呢？下面我将结合亲身实践，谈谈自己的一些感悟和体会。

一、备课：以教材教参为中心，做加减法运算

以教材教参为中心大家都很清楚了，那什么是加减法运算呢？一位专家讲道：“备课，在敲定教案之前做加法，教案敲定之后做减法。”想一想真的很有道理，其实做加法就是研读教材教参，查阅资料，借鉴别人的教学设计、教学方案，甚至课堂实录中的生成、应对及处理方式，这是很好的学习提高的过程，即所谓的做加法。但是每一节课涉及的知识点又比较多，我们不可能面面俱到，依然需要把握本节课的重难点——抓住主线和关键点进行突破，这就是在做减法了。做加法的过程使我们对一节课的前沿与后续知识了然于胸，做减法的过程就是删繁就简，直奔重难点，这样思路更清晰，目标更明确。如此一加一减，在把握联系、实现教材整合的过程中我们便胸有成竹，应对课堂也就游刃有余了。

另外，在记录“五个儿工程”和平时备课过程中，我发现研读教师用书非常重要。在我的记录中，教师用书是“每天析几种错题读几页书”这一板块的座上宾。每次备课，教师用书是我必不可少的指引者：它告诉我本课内容在整个知识体系中所处地位、学生应掌握的程度、应把握的重难点、教材的设计意图等，也对如何进行教学提出了很好的方法指导和建议。我会在研读教材和做加减法的基础上整理出一个大体思路，再根据教师用书做适当的调整，这样一

个微型教案便形成了，“五个儿工程”中的“读书”记录也就产生了，还很具体。这个时候你再上讲台就真的有一种高屋建瓴、势在必得的畅快与豪迈。

二、教学：面向全体，兼顾两头

当然，有了好的教学设计并不完全意味着能诞生一节好课，因为这还取决于对教案的落实情况、对课堂的驾驭能力、对教学的态度和观念，更重要的是学生的学习积极性和学习热情。那么如何激发和维持学生的兴趣呢？一次评课给了我答案：参与是激发、维持兴趣的最佳方式，主要形式有自主学习和交流互动。交流互动需要思考两件事：我是如何思考的？我有几种思考方法？这样做的目的在于使思维显性化。而最重要的是组内交流，因为这是一个资源整合的过程。需要注意的是，小组内部发言的顺序应由弱到强，一个人发言的时候别的学生应该记录他和自己的思考不一样的地方。

另外，教学不可能整齐划一，学过不一定都会；下课铃响也不意味着所有学生都跑到了你划定的终点线，所以分层教学就显得尤为重要。首先，关注学困生，但是很多时候，我们对学困生的关注仅仅停留在意念上，并没有落到实处。我以前的做法就是典型：虽然说起来学困生如数家珍，而且自认为在关注他们。可是上学期校内组织的一次竞赛考试让我猛然惊醒，我对他们的关注仅仅停留在意念上，也就是口头上说说、心里想想，但很少在教学中体现出来，更没让学生感受到。例如，上课提问时不怎么叫他们回答，因为心里想着叫了也不会，还不如叫能答得上来的说给他们听，既节省了时间又解决了问题。这样做的理由是：既然不会，那别人说的时候他们肯定会认真听，殊不知这是在自欺欺人。所以，我有了以下做法：小组交流时，让好学生教学困生，让学生自己探究，提高学困生的学习接受能力，培养好学生的教学能力；课后再对学困生进行针对性辅导；同时不断地激励学困生，增强他们学习数学的兴趣与信心。其次，一味地关注中下生，对好学生又不公平，所以对他们的作业应分层设计：基础题可以选做，腾出一些时间做其他题，这样会更好地培养他们的自主学习意识和能力，给他们更大的发展空间。

此外，老师的心态也很重要，有这样一句话我很喜欢，想和大家分享：勿追难，不责全，量力而行，适可而止，让每一个学生都能吃得饱、够得着。

三、纠错：具体问题具体分析

（一）在新知学习过程中学生出错，应把握关键，还原到原始出错点

是粗心大意，理解有所偏差，还是在某一点上思维阻滞？例如，在教学“中位数”时有一道题是这样问的：“用中位数表示这组数据的一般水平比较合适还是用平均数？为什么？”一位学生回答：“中位数，因为计算简单。”虽然理由令人哭笑不得，但这就是学生的真实想法，他们对这一知识点就是知道怎样求中位数，其他就是凭着感觉走了。因此，中位数的意义和运用无疑得重新讲过。通过这件小事我深刻体会到：要鼓励学生讲实话，说出自己的真实想法，这样我们才能知道他们对知识掌握到了什么水平，才能找到原始的出错点，以便调控教学，对症下药。尽量做到不上夹生课，避免给后面的教学带来麻烦。

（二）对于集体错误，要从主客观分析出错原因

是知识点没掌握，还是题目本身较难？上学期批改第四单元测试卷的时候，发现解方程掌握得非常差，6道题竟然大部分学生只对3道，真是气不打一处来，心想：这帮孩子，天天都在学什么？同时我又纳闷：不应该啊，他们最近做的作业都还可以，不至于这么糟糕！莫非作业里有猫腻？

我把这些困惑说给师父朱红艳老师听，她看了看卷子，然后说：“你看，错得最多的这几道题有什么特点？”我这才发现他们全是形如$a-bx=c$或$a \div bx=c$的方程，这样的方程课本中很少出现，本身也是解方程的难点：用等式的性质不好解，用各部分间的关系又分析不清楚，再加上教学过程中对$a+bx=c$或$a \times bx=c$这种形式的方程练习较多，负迁移也导致出错。

经过这样的分析，心态平和多了：是题目本身偏难，为什么要迁怒于学生，甚至怀疑自己的能力？对学生的成绩也要全面、客观地分析与看待，而不是求全责备，更不能怨天尤人。

（三）复习阶段，对个别学生的异常成绩或表现要舍得拿出时间分析具体原因

我们班的蒲颖和田风光是好学生，可是上学期他们的成绩一直不太令人满意。由于是好学生，我想当然地以为他们是发挥失常或粗心大意，没太当回事儿，直到总复习后期我才猛然意识到他们一学期似乎一直这样，疑惑中翻开他们的试卷仔细看了一遍，这才发现哪里是什么发挥失常，他们对很多知识都是一知半解，根本就是没学懂，真的恨自己太疏忽大意。于是，我立即给家长打电话，分析了孩子的情况，提出一些补救的建议和做法，家长表示全力支持，在后面的几次测试中他们的成绩很快就提高了。

后来我又用这种办法分析了小豪、小富等学生的试卷，发现有的是计算能力太差，有的是对题意理解不到位，有的是对某一个知识点没有掌握，就此我跟他们进行面对面的交流，指出问题所在，提出解决对策，使学生意识到自己只是某一个地方做得不够好，并不是一无是处。减轻心理压力的同时对症下药，比眉毛胡子一把抓地闷头修改一道道孤立的错题效果好了很多，类似错误在他们的试卷中也逐渐减少。

以上是我一名青年教师结合自身教学实践，在记录“五个儿工程”中得出的一些不成熟的想法，可能有些班门弄斧。如有不当之处，希望大家提出宝贵的意见和建议，使我更快更好地成长。

阅读成就精彩人生，态度决定人生质量

克拉玛依市第九小学　张东桃

忙乱中，一学期又要结束了。回顾本学期的教学行为与生活点滴，有收获也有遗憾，现将印象较深刻的、对我的教学和生活有帮助的一些感受记录下来。

一、做一个终身的读者，让教育成为用灵魂唤醒灵魂的活动

（一）阅读可以使人获得教养，获得心灵和精神的完善

名句子随便一个人都能说出一大筐来，可是真正领会其精神主旨，亲身体验到的又有多少？我也不例外，数学老师每天记录的"五个儿工程"有一项是"每天析几种错题读几页书"，这一栏中的读书记录很难生成，因为我很少读书，于是敷衍地写上"读教师用书第××页"或干脆在网上复制一段冠冕堂皇的文字敷衍了事，久而久之，竟习以为常。直到本学期5月份的一个周末，打开K12教育论坛，读了几位优秀博主的文章，顿感神清气爽，如沐春风。那天，我一口气读完了"合和致远"和"俞妹"两个人的所有博文，用了整整一个下午，顿时恨自己一直虚度光阴，为数不多的几本书竟落满尘埃。第一次真切感受到读书的快乐：阅读会使我们精神富足，阅读会使我们情感高尚。接下来的一个星期，我的精神状态出奇好，也改掉了往日拖拉、散漫的毛病。从那天起，我每天坚持阅读，形式内容不定，或多或少总会有所收获。

（二）阅读可以开阔眼界，提升教育理念

爱因斯坦说："用专业知识教育人是不够的。通过专业教育，他可以成为一种有用的机器，但是不能成为一个和谐发展的人。"虽然近年来我们一直高喊素质教育，但应试教育诟病难除，很多地区、学校依然奉行"分数至上"的

教育理念，把学生当成知识的容器，一味地填、灌、输，什么个性、人格、发展等完全抛之脑后。仔细想一想，这真的很可怕：因为人的成长是不撒谎的，凡是在不符合教育规律的环境下成长的人，总会在某一个阶段爆发危机的，很多触目惊心的案件已经证实了这一点。

工作以来，除了成绩，我对学生其他方面的表现视若无睹，和学生的关系也是生涩冷硬。最近，我把目光更多地投向了学生别的方面，数学总是考个位数的景文和葛菲也不那么可恶了。他们做好了我会大加奖赏，做得不好我也会鼓励。因为通过阅读和思考我知道了，学生能够健康快乐成长比什么都重要。这样我的心态变得平和了，也不那么急功近利了。现在，除了高分，我更希望看到他们灿烂的笑脸，听到他们内心的声音，发掘他们被这个时代剥夺的童趣。我不想只做一个教书匠，因为即便工艺再精巧，制造出来的也只是一件工艺品，供人观赏或把玩，失去了自己的灵魂与思想，只是随着你的模子按部就班地走着，一切都是被动的，毫无积极性和创造力。

（三）阅读让流浪的灵魂找到归宿，沉淀浮躁的思绪

书籍是学校中的学校，对一个教师而言，读书就是最好的备课。读书，每天不间断地读书，把书当作滋养生命不可替代的食物。如此生命会愈发精彩，精神会更加富有，思想也会焕发光彩，从而让教育成为一棵树摇动另一棵树，一朵云推动另一朵云，一个灵魂唤醒另一个灵魂的有生命的行为。

二、时刻向学生传递正能量

（一）教师自己保持良好的心理状态和精神风貌

学生是成长中的人，思维方式、情感状态正处在形成阶段，周围的环境对他们有极大的影响。对大多数学生来说，学习是一件很有压力的事情。如果老师状态良好，在学习中为学生营造出和谐、快乐的氛围，肯定会减轻学生的心理负担；如果老师每天向学生传递乐观、积极向上的情感，也会对学生良好人生观的形成产生巨大影响。每次当我精神饱满、心情愉悦地站上讲台，总会觉得这节课无比顺利，学生的表现也出乎意料的好，这一整天我们都将愉悦地度过。

（二）对学生的行为进行适时、适当的评价和反馈

学生非常重视自己在老师心目中的形象，有时候他们做某件事可能就是为了引起老师的关注与重视。如果老师没有发现或发现后没有及时评价反馈，学生就会感到失落沮丧，时间久了，就会对什么都无所谓。因此，要做到及时评价反馈，还要恰当，不然会适得其反。

那天讲完《找次品》，做练习时下课了，于是让学生课下完成。可能是内容比较吸引他们，很多学生并没有休息就在一边争论起来了。小伟和小杨、小田等持不同的观点，一时说不过他们，小伟竟然伸脚去踢小杨。我非常生气，再想想他平时的不良表现，当着全班学生的面狠狠地训了一通。回办公室后，讲给朱老师听。她说，你应该先肯定他们学习的积极性，再让他知道这是不对的，凡事要讲求方式方法，学问的争论怎能靠武力来解决呢！是啊，我怎么就没想到呢？可能是小伟平时的表现让我先入为主，没有看到积极的一面；也可能是我太苛责，没有发现的眼睛，不会从多角度看问题吧。今后我一定要注意，同一件事情可以多层次、多角度去考虑，不能只用自己想当然的准绳去衡量所有的问题。

（三）宽容滋养精彩，精彩浇灌宽容

一天，在办公室和朱老师闲聊。

朱老师：“我们班的学生真聪明，以前怎么没有发现？是我变得宽容了还是他们变聪明了？”

我说：“二者相辅相成，你的宽容滋养着他们的聪明，他们的聪明又浇灌着你的宽容。”

“说得太对了！”朱老师说。

本来我是随口说着玩的，不承想得到了朱老师的认同，于是自己又回味了一下，还真是，我们班就是典型的例子：以前总觉得学生没有期望的那么好，昨天听课，老师夸他们挺不错，就想自己平时是不是太苛刻、打压了学生的积极性，于是试着鼓励、赞扬、欣赏他们，同时有意识地创设宽松民主的课堂氛围，学生的表现真的不一样了，这才发现我们班的学生也很聪明。看来我得学习朱老师对学生的宽容欣赏，让精彩不被扼杀，让智慧之花早日绽放！

三、不要停止学习的步伐

在教学中我很多时候会觉得江郎才尽，自己储备的那点儿东西似乎被榨干了，即便倾其所有也解决不好教学中遇到的问题。这就说明，该学习充电了。

对于我们教师来说，参加教研活动、观摩教学无疑是很重要的学习方式。可是在教学任务等的干扰下，我们总是在无奈中选择放弃，开始会觉得不安、惋惜，终至麻木、无所谓。其实，磨刀不误砍柴工，每次参加完教研活动总会有或多或少的收获：对一些问题有了更深刻、全面的认识；有些教学方法真的巧妙至极，哪怕我自己花再长的时间也不会悟到；有些教学理念让人眼前一亮……所以，我觉得，我们有时候真的需要停下来，抬头看天，以开阔视野；登高望远以确定方向；学习借鉴，以达到“他山之石，可以攻玉”的目的。由此观之，学习是以短时的牺牲换取长效的发展，胜过闭门造车，何乐而不为呢?

当然，学习的途径有很多：网络、书籍、教研、教学反思、向有经验的老师取经等。只要有心、用心，时时处处都可以学到东西。

四、改掉拖延症，增强行动力

拖延，是我近来最大的坏习惯，一件事总是要等到最后时刻才完成，然后完成得很仓促，质量不高，觉得时间如果再多一点就好了，就会做得更好，后悔当时为什么不早动手做。如此往复，永远都不在状态，永远都没活在当下。下面是我在教学中拖延的两个例子。

记录“五个几工程”的老师一起交流时，张凤老师说了一个很好的建议，可以把“每天给几个学生讲几道题”这一板块细化，时间长了就形成一个针对性的“习题集”，而它可能就是学生理解的难点，能够让我们知道个别学生在学习上的具体问题，这样辅导或复习时就更有针对性，可以提高教学实效。我当时觉得这个想法很好，但至今仍未付诸行动，深感遗憾。感觉没有行动的心动纯属浪费感情，甚至让人精神上焦虑不安。

教学分数加减混合运算时，发现学生的计算真的很差，尤其是简便算法。其实，这也不是什么新发现，上学期期末考试就发现我们班学生的计算非常差，当时就决定等开学了，一定狠抓计算，还留存了试卷样题，想好了训练方式。可新学期即将结束，我却还在发着和半年前同样的感慨：计算太差了！真的很汗颜，于是立即打印了两份有代表性的计算试题，让学生做，给学生讲，不会了再讲，再做……明显发现学生的计算进步了。不禁嘲笑自己：也没有想象的那么困难啊!

环顾周围，总能发现拖延者大有人在。“拖延”已经成为一种流行病。心动不如行动，赶紧自我治疗——培养意志力，让自己具备行动力，尽量做到今日事今日毕。让我们拥有一个健康、幸福的人生。

一学期以来，虽然有不尽如人意的地方，但忙碌着、充实着、成长着，今后我会吸取经验教训、扬长避短，让生活更加美好，让工作更加愉快。

深挖一口井

——记录“五个儿工程”的体会

克拉玛依市第六小学　颜莉

回忆我刚开始记录“五个儿工程”时，那时的我，尚带着几分稚气，每次提起笔，总感到茫然，不知从何写起。该记录些什么呢？这成了我每日的困扰。甚至在讲课时，我都会走神，思索着：“该如何巧妙地记下对学生的赞美？”我费尽心思，想要挖掘出深意，寻找值得人深思的点滴，但这过程艰辛而烦琐。那时，我心生疑惑，为何不随意涂鸦几句，或者干脆放弃？坚持，究竟有何意义？

某日，我在一幅漫画中寻得了答案。画中人试图挖一口井，但最终只挖了无数的浅坑。这使我恍然大悟，若我像那画中人一样轻言放弃，“五个儿工程”的记录岂非也只是些浮于表面的坑洞？我渴望的是深挖一口井！自此，每当懈怠之心萌生，我便提醒自己：这是我对自己的承诺，每日的必修课。唯有持之以恒，方能真正掘出那口深井。

“五个儿工程”的记录，于我而言，是将那些触动心灵的瞬间和片段，以文字的形式永远定格。天真无邪的学生，总让我心生温暖。记得我教一年级时，班里有个维吾尔族小男孩，皮肤白皙，眼睛明亮如星辰。每当他抬起头，用那双充满渴望的大眼睛望着我时，总是让我心生怜爱。然而，正是这样一个学生，因汉语表达不佳，常以动作沟通，显得格外亲昵。每次见到我，他都会紧紧抱住我，亲吻不断。起初，我会停下手中的工作，与他交流。但渐渐地，我发现他因此在课堂上产生了某种优越感，常随意打断老师，影响其他同学。这让我意识到，与他保持适当的距离，规范他的课堂行为，是必要的。课后，我轻声地与他交谈：“你知道吗？老师真的很欣赏你，因为你学习总是那么用心。但在课堂上，我们不能随心所欲，毕竟这里和家里是不同的。课堂上，我们需要考虑其他小朋友的学习环境，我们是一个整体，每个人的进步都对整体有影响。”他听后默默点头，显然是理解了我的意图，也明白了今后该如何更好地参与课堂学习。当他试图再次拥抱或亲吻我时，我轻轻地握住他的手，引导他用言语来表达自己的情感。我温和地引导他：“有什么想和老师说的吗？”他明亮的眼睛闪烁着笑意，用稚嫩的声音说道：“你就像我的妈妈一样。”这话让我深受触动。然而，周围的学生却发出嘲笑，他显得有些困惑。我迅速为他辩护：“老师每天都在关心你们，不仅教给你们知识，还关心你们的生活点滴，这难道不像妈妈一样吗？”他听后，笑容满面地围着我转，那欢快的模样真是让人喜爱。

他不仅外表可爱，而且学习很努力。他听讲时全神贯注，回答问题也总是积极主动。课后作业和改错，他总是能及时完成，遇到不懂的问题也会主动寻求帮助。起初，他对汉语教学有些不适应，但随着时间的推移，他的普通话越来越流利，表达能力也日渐增强，学习成绩更是稳步上升。我经常以他为榜样，鼓励其他学生：“看，他是一个维吾尔族的小朋友，汉语学习对他来说并不容易。但他从未放弃，通过不懈的努力，现在的成绩已经超过了班里的很多同学。大家都要向他学习啊！”他就像一缕阳光，总能给人带来温暖和活力。我喜欢关注他，给予他必要的鼓励和帮助。每次在记录中提及他，我都感到无比幸福。

这条落实“五个儿工程”的道路，虽然充满了挑战，但正是因为有了这些可爱的学生，我坚持了下来。如今，我已经能够熟练地将内心的想法转化为文字，记录下这些珍贵的瞬间。尽管我仅仅是每日记录工作的琐碎细节，但在这个过程中，我却在各个层面都有了显著的成长。这种成长，是在我持续记录“五个儿工程”的过程中悄然发生的。

小芳，一个刚升入一年级的小女孩，对待作业总是漫不经心，甚至对于一些基础的加减法题目也留空不写。我曾尝试用各种方法来引导她理解这些问题，我甚至建议她，如果实在无法理解，就试着用手指去数一数。然而，她依旧茫然地坐在那里，不知所措。看着她那瘦小的身躯，我不忍再对她进行过多的责备。我开始质疑她的理解能力，但偶尔她能出色地完成一些更复杂的题目，这让我困惑不已。作为一名年轻教师，我对此感到无法理解。于是，我开始频繁地与小芳的妈妈进行沟通，希望我们能共同监督她学习。小芳的家庭环境并不优越，她的父母都忙于打工，无暇照顾和教育她。我向她妈妈建议，更多地关心孩子，并针对小芳的情况，分享了一些教育方法。小芳缺乏家庭的温暖和关爱，她表面看起来胆小、内向。但实际上，她非常贪玩，经常放学后不回家，而是和几个同学在公园里玩耍。有几次，其他学生的家长因为找不到孩子而焦急万分，最后在公园里找到了他们。通常情况下，孩子们放学后都会回家吃饭，但小芳却不愿意回家，这让我对她充满了怜悯。然而，她带着其他同学一起不回家，也让我更担忧。

当我不断地将这些问题记录下时，我作为教师的责任感和使命感让我暗下决心：我不能放弃小芳。如果我现在放弃她，那她未来漫长的人生路该如何走下去？于是，我坚持每天都关注她的情况，继续与她妈妈保持沟通，经常与班主任讨论她的问题，并努力帮助她改掉一些不良习惯。如今，小芳已经升入三年级了。她长大了，也变得更加懂事。她已经成功摒弃了那些不良的学习习惯，如逃避课堂作业，上课时分心或打瞌睡，甚至不带学习工具。尽管她保留了些许孩童的贪玩，对学习的热情也未完全点燃，但她已经懂得如何与老师坦诚沟通自己的错误，并逐步修正，这无疑是显著的进步。

通过持续记录“五个儿工程”，我逐渐洞察了学生的内心世界，也对教育的真谛有了更深的理解。这个过程让我学会了如何用爱去接纳学生，去解读他们纯真的心灵。我曾疑惑，小芳怎会无法理解那些看似简单的题目？后来我才明白，很多时候，我们需要解开的不是复杂的数学问题，而是学生内心的困惑和疑虑。如今，面对学生的各种问题，我都能以更冷静的头脑去思考，以更正确的态度去处理。

坚持记录“五个儿工程”成为我自我觉知的一种方式，它让我能够理性地分辨是非，聆听自己内心的声音。每天记录“五个儿工程”，就像在与自己的心灵进行一场深度的对话，这不仅有助于我不断自我反省和总结，而且有助于我锻炼意志力和坚持能力。它让我更加珍视生活中的每一个细节，以更加充沛的热情投入到每一天的工作中。每当我翻开那本厚厚的“五个儿工程”记录册，内心都会涌现出一种深深的满足感。这是我坚持的见证，也是我收获的果实。学生的持续进步，使我更加坚定了前行的步伐。我们都知道坚持的力量，但“知易行难，只有实践才能深刻理解”。我会坚持，我坚信，我能掘出一口深井！

走下去，天会亮

——记录“五个儿工程”的感悟

克拉玛依市第六小学　王桂萍

“日丽风和薰协气，莺吟燕舞皆欢意。”又是一个春暖花开好时节，而我和往年不一样的是收获了学生的心，收获了好几万字的教育记录，领略了成长路上别样的风景，我的教育思想境界又提升了一个层次。

作为一名老师，最神圣的使命是什么？是热爱自己的工作，教育自己的学生。正因为这样的使命，我们的“五个儿工程”记录才显得重要；正因为这样的使命，才使大家在每一个忙碌的日子里总能找出素材，记录师生精彩的瞬间。“五个儿工程”的话语虽然朴素，但它蕴含着深刻的教育之道，那就是尊重学生的个体差异，因材施教。老师情系“五个儿工程”不仅可以让老师了解学生，学生信任老师，还可以改善师生关系。

刚开始进行“五个儿工程”的记录时，找几个学生说几句话不知从哪里开始，表扬显得生硬，做的不太多，也不够丰满，记录素材干瘪无味。刚巧学校安排我当了班主任，虽然事务繁杂，但是和学生交流的机会来了，多和学生说话交流的心理暗示会在所有空闲时间里跳出来提醒我：“有空和你心爱的学生聊一聊吧。好的，我一定会做，给自己加油！”下课就待在班里处理事务，学生在我身边来来往往，很奇怪老师为什么不回办公室。我刻意找话说，把阿孜叫到身边：“哎呀，老师还没发现，我们的维吾尔族小姑娘今天穿了小花裙，穿了小花袜，比平时更加漂亮了。”这小家伙竟然脸红着跑开了，虽然不太习惯，这毕竟是个好开头，之后我逮住机会就夸夸这小姑娘。时间长了，不是老师主动找学生说话，而是学生主动找老师说话，说自己，说同学，说家庭的点点滴滴。

后来发现，现在的通信也很发达，学生加班主任老师微信，时不时说几句，这也是与学生心心交融的一个方面。这也方便家长与老师交流孩子在校、在家情况。

家访是最有效果的，平时电话联系或者见面交流时间有限，家访聊得更多更细，从学生学习状况入手，谈谈家长对孩子的教育理念、管教程度和家庭氛围对孩子的影响等。

老师要善于思考。学校的事情是忙碌而琐碎的，老师要对工作细节逐一反思，并及时调整工作方式。

3月14日，在课堂上处理了一个突发事件。当时我正在上课，平时桀骜不驯的张元喆突然从后面踹门进入，既没正面看我一眼，也没打一下招呼，按照常规做法，我当时就会批评他。但我压住火气，心平气和地问他："为什么迟到了？"他高傲地昂着头："某某同学流鼻血了，我去给他送纸了！"声音很大，"我正确我怕谁"写了一脸！我想在他心里，帮助同学是值得肯定的行为，这种行为可以掩盖他的不礼貌，甚至可以掩盖对老师和同学的不尊重。要想让他意识到他的错误，必须换一种教育方式。古人说："人有不同，药有不同。"于是我真诚地看着他，当着全班同学的面说："你能主动给同学送纸，说明你很有爱心，这样的行为值得表扬和学习，请全班同学鼓掌。"这突如其来的表扬和鼓掌使得他一时激动起来，反而觉得有点不好意思，他没想到我没有当着全班同学的面训斥他，还肯定了他的行为。一下课他就跑到我身边，不好意思地承认了踹门行为是不礼貌的，保证下次不踹门了。他态度的改变也让我感到惊喜，我想正是因为老师的态度变化了，给学生带来了不同感受！尊重是前提，师生间相互尊重，才能谈得上平等对话。有了平等的交流和沟通，再加上对症下药，才能"赢得"学生的心，也才能让教育从"心"开始，发挥它应有的作用。

读书，其实是上班的人的奢侈习惯，整天忙碌，有充足理由告诉自己没有时间读书，但不读书就等于落后，尤其是老师，更需要教到老，学到老，读书到老。在《爱丽丝镜中奇缘》中，红皇后对爱丽丝说："你必须不停地奔跑，才能停在原地。"是的，我要想跟上时代的步伐，必须不停地奔跑，不停地读书。《跟苏霍姆林斯基学当班主任》告诉我们要想成为一名优秀的班主任，需要有良好的文化修养和能唤醒心灵的智慧，更重要的是要有不断提升自己专业素养的精神。对待学生的时候，我们需要有更多的耐心和爱心。《正面管教》一书的教育理念，让我重新审视自己的管理方法和管理理念，让我在构建和谐的师生关系上迈出了第一步。相信我的坚持与改变，一定能让正面管教方法在以后管理学生的过程中发挥更加积极的作用。经常读这些名人经典著作，从中汲取大量营养，对自己思想有启迪作用。只读不行，有启迪还要写出来，记录下来，读到哪里就写在哪里，不能偷懒，坚持再坚持，一段时间后逐渐进入状态，读书写心得的情趣也越发突显出来，心情也越舒畅，走下去，天会亮。

我国著名教育家陶行知先生说过：“真的教育是心心相印的活动，唯独从心里发出来的，才能达到心的深处。”这句话深深地震撼着我的心灵。它体现了先生个人具有的伟大师爱，也勉励我们这些“园丁”要“爱满天下”，因为关心和爱护每个学生是教育工作者的天职！一路走来，学生还是那些学生，老师还是那些老师，可学生和老师的思维已有质的变化。一些学生像模像样地和老师讨论解题思路，甚至为了自己认定的方法争论不休。课间老师只要出现在班里，就有学生围上来说谁带了好玩的东西，考好了放假父母带着去哪里玩、考不好就要上补习班等，而我不像刚开始那般为完成任务挖空心思。给学生讲题、谈话、思考已是我工作的重要组成部分，可见，凡事最怕就是用心。

正如张连勇老师提到的记录“五个儿工程”的最终目的是让每位老师都能感受到“五个儿工程”带给大家的快乐与幸福。快乐着你的快乐，幸福着你的幸福，我们将继续努力把握这份责任与幸福，呵护学生，一路前行。

小欣的成长之旅

克拉玛依市第七小学　宋雅洁

一、初遇

初见小欣，那是一幕细腻而略带羞涩的画面，她就像晨曦中轻轻摇曳的小草，胆小且腼腆，将自己细心地包裹在自我保护的茧中，似乎与周遭的世界保持着距离。她总是静静地坐在教室的一隅，即便课间，那份安静也未曾离她而去。她的身影，在喧嚣中显得格外孤单而坚韧。偶尔，有同学鼓起勇气，带着温暖的笑容向她靠近，试图打破那份静谧。而她，也只是以一抹浅笑回应，那笑容里藏着羞涩与感激，随后又默默地回到了自己的小天地，继续沉浸在自己的思绪与梦想之中。“不爱说话”这四个字悄然在人群中传开，却如千斤重担压在我的心头，让我对这个沉稳女孩充满了好奇与了解的渴望。

二、心墙

随着我与小欣家长的深入交流，一幅幅家庭变故的画面渐渐清晰。幼小的她，在父母离异的暴风雨中摇曳，母亲携她踏上新生活的征途，这个重新构建的家庭既是希望的灯塔，也是未知的挑战。它照亮了前行的道路，给予温暖与希望，也要求她迅速适应。然而，内心深处对父亲的思念如同无形的枷锁，紧紧束缚着她的心房，让她在夜深人静时默默地承受孤独与伤痛。这份情感的重负，在她心中筑起了一道高高的围墙，既是保护也是隔绝，让她与外界的温暖渐行渐远。

三、破晓

我深知，要真正走进小欣的世界，就必须先跨越这道围墙，用爱心与耐心去融化她心中的冰墙，让阳光重新照进她的心房。想到“五个儿工程”中的每天和几个学生说几句话，我愿意成为那个倾听者，倾听她内心的声音，与她一同分享喜怒哀乐；我也愿意成为那个引导者，引导她放下过去、拥抱未来，让生活的美好重新在她的生命中绽放。

我积极主动地联系了小欣的父母，满怀诚意地与他们分享我对小欣内心世界的深刻洞察。我详细地描绘了那个在风雨中默默成长的女孩，她不仅拥有着不易被察觉的坚韧品质，更在内心深处藏着一份纯真与善良，如同被尘埃暂时掩盖的珍珠，等待着被发现与珍视。

在交谈中，我鼓励他们以更加细腻和包容的心态，去理解和接纳小欣。我提醒他们，融化小欣心中的冰墙，需要的是无尽的耐心与温柔，如同春日里温暖的阳光，洒满那些冰冷的角落。同时，我也强调了正面引导的重要性，通过积极地沟通、鼓励与支持，帮助小欣树立自信，勇敢地走出自己的小世界，去探索更加广阔的天空。我诚挚地提出，作为父母，他们是小欣最坚实的后盾，也是她成长道路上最重要的伙伴。只有当他们携手合作，共同搭建起一座连接心灵的桥梁，小欣才能感受到家的温暖与力量，从而更加自信、乐观地面对未来的生活。

在我的建议下，小欣的家庭经历了一场深刻而温馨的变革，宛如春风拂过沉寂的湖面，激起了层层温暖的涟漪。我们共同策划了一系列亲子活动，从每日亲子共读到亲子绘本表演，每一项活动都充满了欢声笑语与深情厚谊。亲子绘本剧的排练，不仅加强了父母与小欣之间的情感交流，也让家庭成员之间的理解和支持达到了前所未有的高度。

在这样的温馨氛围中，小欣逐渐感受到了家的温暖与力量，在这份深厚的爱中，小欣的心灵仿佛被初升的阳光温柔地唤醒，逐渐展露出勃勃的生机与活力。那份久违的归属感，就像清晨第一缕阳光穿透云层，瞬间驱散了她心中的阴霾与寒冷，让她的心墙在温暖中渐渐融化，展现出更加真实、更加柔软的一面。

四、蜕变

在学校，我默默观察着她的每一个细微变化。我发现小欣的字隽秀工整，我意识到这不仅是技艺的展现，更是她内心细腻与坚持的映射。于是，我特意将这份发现转化为对她持续的鼓励与支持，尤其是在写字这一领域给予她更多的正面反馈，让她深切感受到来自老师与同学前所未有的尊重与重视。

这份被看见与被认可的力量，悄然激发了小欣内心的潜能与活力。她开始更加主动地融入集体，不再只是那个默默地站在角落的学生。在集体活动中，她日益活跃，笑容也如同绽放的花朵，明媚而灿烂，感染着周围的每一个人。她的变化，不仅仅是外在行为的转变，更是内心深处自信与开朗的觉醒。

如今的小欣已经彻底蜕变，成为一个乐于交流、敢于表达自我的学生。她与同学们之间的互动充满了欢声笑语，曾经的沉默与羞涩早已被自信与光芒所取代。看着她一步步地成长，我内心的欣慰与自豪难以言表。

我更加坚信，教育的真谛在于点燃。我们应当用自己的爱，去点燃学生心中那盏未被点燃的灯火，激发他们内在的潜能与力量，让他们在成长的道路上更加坚定、自信地迈出步伐，勇敢地追寻自己的梦想与未来。小欣的故事，正是这一信念最美好的注脚。

我与学生心心相印

克拉玛依市第七小学　田瑞琦

我想每一个教师都有许多自我教育的故事，可能没有那么感天动地，但也意义重大。我特别喜欢陶行知先生所说的“真教育是心心相印的活动，唯独从心里发出来，才能打动心灵的深处”，这句话让我颇为受益，受用至今。

时间转瞬即逝，回想刚毕业之时，踌躇满志并慌乱无措，如今不断地学习进步，渐渐成熟，退却了校园时期的稚嫩，真正踏上教育的长征，开始一场我不后悔、不放弃的教学修行。

每一个学生都像一个跃动的精灵，他们活泼可爱、聪明伶俐，但也“稚嫩”。作为小学教师，应耐下性子，为他们未来宏伟的一生打下坚实的基础。合抱之木，生于毫末；九层之台，起于累土；千里之行，始于足下，没有良好的习惯、牢固的地基，再高的楼也会顷刻间崩塌，所以学校不仅是教授知识的地方，更是培养好习惯的地方。作为他们的老师更应该以身作则，不仅教授毕生所学，还要使他们养成好的习惯。这也是让自己进行一场教育的修行，真正理解什么是教育。

身为成人的我们都愿意听别人夸自己，听到赞美的语言会心情愉悦，甚至工作的疲乏也会烟消云散，学生更是如此。每天我们可以对学生说几句表扬的话，在讲题的时候多启发他们。天底下没有一个学生喜欢被骂，喜欢故意做错事，他们也希望自己的所作所为吸引教师的注意，也喜欢得到教师的表扬和鼓励，也喜欢被同学、教师关注。“温严并用”这个词总能浮现在我的脑海之中，每次数学课上让学生上黑板前练题，看到他们紧张的时候，我总会告诉他们：“别紧张，你是最棒的！相信自己，大胆起笔，错了也没关系，因为今天你勇敢地跨出了这一步，这就是进步，就是成长。”别说这效果还真可以，现在的他们即使上黑板前做题也不会紧张了，虽然还是会有错误，但错误率有所下降。

我的班上有这么一位学生，他是小冯同学，数学学习比较吃力，因为性格过于内向，不爱和陌生人交流，又很害怕老师，所以即使课堂上没听懂，下课后也不敢来找我，更不敢问同学。他的妈妈总是很着急，我也经常反省，反省我是不是上课语速太快了，是不是我很凶，但一下课其他学生总能和我打成一片，而小冯同学总是待在自己的座位上低着头。一天，我过去走向他，问："现在是课间休息时间，你怎么不和其他同学玩？课上有没有不懂的地方？"他颤颤巍巍地小声道："田老师，我不想玩，我都听懂了。"然后立刻把头埋在自己的胳膊里，趴在桌子上一声也不敢吭了，我也不好再说什么。直到有一天，我抓住了一次机会，彻底改变了这样的状况。有一次单元练习结果出来后，按照惯例我拿着这次的试卷和上次的试卷进行比对，挑出进步最大的学生进行表扬，并奖励他们一次抽奖的机会。这天，我依然拿着试卷课本，还有准备好的礼物和抽奖盒来到我们班。我高兴地说道："同学们，你们心心念念的抽奖环节到了，你们最想知道的结果也出来了，现在让数学课代表先把试卷发到你们手里，没拿到试卷的人就是我们的幸运同学，可以上来抽奖。人数不多，就5人。好，来发卷子。"当4位同学抽完时，我叫起了小冯同学来抽奖，喧哗的教室瞬间安静，大家都很诧异，这时小王同学说："田老师，是不是错了呀，小冯同学数学题能做出来吗？"我没有批评这个学生，反而告诉全体同学："是的，我没念错，小冯同学的确在我们班数学不好，学习很吃力，但他确实也是咱们班学数学最努力的。为什么我会这么说？因为每次单元练习我都会比对，小冯同学每次都在进步，而且他的基础题的正确率也总是我们班最高的。这次单元练习，我上课经常讲的易错点只有他做对了，这份认真细心是你们要学习的。好了，小冯，还不上来抽奖呀？"他缓缓站起身，颤颤巍巍说道："田老师，我真的可以吗？"我笑着回答："当然了，你那么棒，大家为小冯鼓掌。"教室里顿时掌声如雷。看他开心地拿着自己抽到的笔记本，我随即说："但是不能骄傲哦，继续努力，相信自己，你是最棒的！""嗯嗯，田老师，我会努力的。"看着他蹦蹦跳跳地下去，我明白了，这个学生以后不会再这么内向了。果真，现在的他越发自信，不会的也愿意下课来办公室问我。以前课间从不离座的他，也会偶尔和同学"打闹"几下，数学成绩也在不断提高。

说是教学生，又何尝不是我们在教授自己？何尝不是学生在教会我们如何成为合格的教育人？我体会到教师就是要善于观察，勤于思考，每个学生都是一个独立的个体，教育不能一概而论。学生细微的举动，我们要时刻留意，因势利导，防微杜渐，用自我创造性的劳动来影响教育的进程，规范学生的行为，让他们养成良好的习惯。

人生是一盘落子无悔的棋，一场人喧鼓响的戏，一朵悠然飘去的云。我很庆幸自己是一名教师，这场人生的修行，我定将带着初心坚定地走下去，无悔这场与学生的相遇，用最真诚的心教授这群最纯真的学生，亦师亦友，心心相印。

爱的路上，你我同行

克拉玛依市第十八小学　于媛媛

有人说，教师是阶梯，以伟岸的身躯托着学生稚嫩的双脚，一步步攀高、向上；有人说，教师是红烛，以不灭的信念为学生照亮前进的道路，引领他们劈波斩浪；还有人说，教师是渡人的小船，把一批批学生送往知识的彼岸……儿时的我，对教师这个职业充满了憧憬和向往，怀揣着这份向往，我终于走上了教师这一神圣的岗位。

刚进校时就听说了张连勇老师提出的“五个几工程”，“每天和几个学生说几句话，每天赏几个学生赞几句话，每天给几个学生讲几道题，每天析几种错题读几页书，每天留几分钟反思几件事”。起初听时并不以为然，但是听了我区各校老师的汇报和自身实践后，大为震惊。原来学生那些看似不起眼的小事，积聚在一起竟然会有如此大的力量，以至于改变了老师和学生。

初为人师，看着面前六十几张稚嫩的面孔，我板起脸来有模有样地上着课，为能顺利地上完每一堂数学课而窃喜，原来，当老师是一件再轻松不过的事情。

然而，事实并非如此，熟悉我了之后，学生的各种状况随之而出。“老师，小王没有写作业。”“老师，上课时小卓在抽屉里偷看课外书。”……单元考试学生成绩又不理想……种种问题让我犯难，除了生气、责备、叫家长，别无他法。

班里有个少数民族学生——小艾，虎头虎脑，憨厚可爱。起初他被我认定为“学困生”，是重点辅导的对象。他上课时经常走神，从不回答问题，有时提问他，也答非所问，从1数到100对于已经二年级的他很困难。那时经验浅薄的我，常常为他的表现而发怒，心中甚至出现了放弃他的想法。小艾也总是破罐子破摔，习惯性地不完成作业。一段时间的恶性循环后，他见了我总是躲躲闪闪，更不敢直视严厉的我。在数学课上，他也变得沉默寡言，成绩更是大不如前。问题究竟出在哪里呢？我困惑，更迷茫。多亏了张老师的“五个儿工程”，它为我指点了迷津。作为一名教师，教育好每一个学生是我的职责。按“五个儿工程”的教学理念和方法，我及时调整教学策略，每天上课时关注小艾，把简单的问题留给他回答；下课后接近他，和他打招呼，并帮助他分析作业中的错题。一次，他回答对了问题，羞涩地露出久违的笑容，那是我第一次和他四目对视，我发现他笑的时候竟然那么可爱。由于是少数民族，他的汉语底子不好，在家又没有说汉语的语言环境，已经三年级的他语言表达能力很差，常常连一句话都说不太流利和完整。针对这一情况，课下我没事就找他聊天，锻炼他的语言表达能力，有时课堂上因为等他一个人还引发了其他学生的不满。每当这时，我便郑重地告诉全班学生：“小艾是我们班级的一员，在学习上我不会丢下你们任何一个人，相反，我们要多帮助需要帮助的同学。”学生点头赞同。他回答问题的声音变大了，语速渐渐快了，连做题的速度和准确率也都提高了。每当他遇到困难时，我和学生都会给他很大的鼓励，帮助他渡过难关。渐渐地，这个小家伙变得开朗了，爱说爱笑了。三年级上学期的期末考试后，他手中捧着68分的试卷，泪水盈满了眼眶，全班学生都给予他热烈的掌声！直至今日，我都为当初自己的过于严厉、简单粗暴而感到愧疚。

这是第一次，我亲身体会到了“五个儿工程”的魔力，它就像一盏明灯，帮助我们前行。在不断学习、摸索和实践后，我发现自己真的改变了。以前上班进校园，我拿出老师的威严，总是一副严肃的表情。后来，我喜欢主动向学生打招呼：“嗨，早上好。”“大家早上好，周末过得开心吗？”……和学生的话题渐渐多了起来。以前都是等着学生来问问题，哪儿不懂了告诉我，我再讲。后来，我也改了，每天主动分析作业中的易错题、难题，在班级里没等他们问我，我就提前讲了，使得许多学生在第一时间知道了自己犯错的原因，学生改错题的效率渐渐提高了。原来我不是班主任，班级里的事情基本不会过问，后来和学生交流多了，他们越来越信赖我，我也渐渐了解了每个学生的性格、爱好和脾气。

小杨，是班里最安静的小男生，上课不爱举手、不爱说话，总是静静地坐在墙角；课下遵守纪律，从不嬉戏打闹，以至常常令人忘记他的存在。翻看作业记录本，好像从来没有记录过他，不论是好的还是不足的一面。有一天，我在改作业时发现他的题错得比较多，就把他叫到跟前，问道：“作业怎么错了这么多？老师上课讲的能听懂吗？”我没有丝毫责备的意思，可是我看见他的小手在发抖。我握住他的小手说：“没关系，别紧张，如果不会老师再给你讲一遍。”听完我的话，他怯懦地说了句“都会”便再没有了言语。于是我就说：“那就好，把错题改了吧，下次要更加认真哦！”他没有说话，却没敢再看一下我的眼睛，小杨对老师的“惧怕”让我很吃惊，我下定决心，一定要改变这种状况。

以后的数学课堂上，我比平常更多留意他，他坐的是最端正的，于是我在全班学生面前表扬他。每天课上回答问题时我至少叫他一次，他回答的声音一天比一天大，于是我在作业本上留了这么一句话：“如果可以主动举手会更棒的，老师相信你！”下午，我走到他旁边，他正在收拾书包，看到我，不好意思地喊了声：“于老师。”我对他笑笑道：“准备放学了？你今天上课表现很好呀！”他看了看我说：“老师，我今天和以前一样还是没举手，对不起。”他以为我说的话是在讽刺他。我立刻说：“没有，老师觉得你上课一直坐得很端正，从不做小动作，表现特别好，你值得老师表扬。老师也相信你一定会有勇气主动举手回答问题的。”“老师，原来你每节课都注意到我了！我就知道，因为你说过，你喜欢上课认真听讲的孩子！”我一时很不好意思，因为我真的从来没有注意过默默无闻的他，就连开始注意他都是因为作业。他很开心，看到他连书包都不收拾了，和我分享他的快乐，我的心里说不出是什么滋味。我总是说要关注每个学生，但实际上我并没有做到。谢谢“五个儿工程”给了我机会，让我能正视自己的不足。我坚信只要我去改、努力去做，就一定可以做得更好，一定可以真正关注每个学生，走进他们的心里，给他们快乐，给他们信心。

曾经听到过这样一段话：“老师不经意的一句话，可能会创造一个奇迹；老师不经意的一个眼神，也许会扼杀一个人才。”老师习以为常的行为，对学生终身的发展也许会产生不可估量的影响。“五个儿工程”让作为一名老师的我，经常回顾自己的教学经历，不断反思：我给了学生多少关心，多少鼓励，多少信任？不经意间，我是否让他们失去了学习的信心？

现在我仍然带着最初接的两个班，新的学期，我希望学生以新面貌面对老师，我也会用新理念对待学生。在“五个儿工程”的引领下，我遇事不再急躁，面对犯错误的学生，也不再是一味批评，而是耐心地倾听，倾听他们内心的声音，走进他们的世界。

坚持成为习惯，忙碌收获精彩

克拉玛依市第十五小学　李洁

静静地坐在电脑桌前，翻看着一篇篇关于“五个儿工程”的记录，回顾那一个又一个生动的教学故事，我的内心感受到的是温暖后的幸福，留下的是实践后的喜悦。从最初的尝试到现在成为习惯，需要的也许只是坚持。每一次的感动都源自身边的小事，每一次策略的改变也许就是成功的关键。曾记得张连勇老师在一次讲座中提到：“作为一名数学教师，只要每天坚持做到‘五个儿工程’，老师们的‘忙’就有了方向，老师们就能‘忙’出价值，‘忙’出意义、‘忙’出味道、‘忙’出精彩、‘忙’出前途，‘忙’才能让人理解、认可，我们才能走向成功，走向辉煌。”仔细思索，一学期的经历不就是最真实的写照吗?

一、尝试就有发现

为了能“忙”出前途、“忙”得让人理解，我也尝试着每天和几个学生说几句话，每天赏几个学生赞几句话，每天给几个学生讲几道题，每天析几种错题读几页书，每天留几分钟反思几件事。在尝试记录几天后，我发现要做好“五个儿工程”，需要一个安静的地方，需要一个清醒的大脑回忆起一天的点点滴滴，需要几个小时的时间记录和梳理。仔细想想，还真不是一件容易的事。可是，我在记录和回忆中发现，被我表扬的学生整天心情都很好、很快乐，上课也比以前更积极了，还会主动帮我抱作业、拿书、拿水杯，回家做作业也会比往常认真些。偶尔还会接到家长的电话：“老师，昨天我们家孩子高兴地回来说，你表扬他了！”收到家长对我工作肯定的留言：“一个学期匆匆又过去了，辛苦您了李老师。您在孩子们身上付出那么多，我认为你们是最成功的，因为每每听孩子说起老师，都是喜爱和崇敬。常常听孩子回来讲与他们相处时的点滴，我感觉孩子在学校是快乐的，我也为您的伟大奉献而感动，真的很感谢您啊。”看来我对学生的肯定和小小赞扬，不但调动了学生学习的积极性，还让学生在精神上获得了很大的愉悦，而且得到了家长的理解，让家长们因为有我而放心。

二、发现预示收获

表扬过的学生多了，表扬的语言丰富了，表扬也慢慢开始真诚了，慢慢发自内心了。此时我也收获了来自学生的温暖。下面就和大家分享一下我身边的故事。

那是很累很累的一天，不过心里很舒畅，因为这一天我收到了一个学生对我的关心。放学后我们班的维吾尔族小女孩小海拿着自己亲手做的爱心纸条递给我。走在路上我就打开了，只见上面写着：“老师：我其实真的很崇拜你，因为你可以见到很多小朋友。你上课很累，这个我知道，这是‘四大金刚’惹的祸，请不要生气，生气对身体不好，请耐心一点，祝你健康（画了一个笑脸）！”看到这张小纸条后，我忽然觉得学生说得很在理，以后处理事情要淡定一点，少动气，遇到调皮捣蛋的学生要更加耐心一点。在她的温馨开导下，我一下子觉得不累了，脚也不疼了，回家的路都觉得更近了一些！

那是一个忙碌的早晨，我急匆匆赶往二年级一班去上课。未来得及喝水的我，叫课代表小罗同学去办公室帮我取水杯，可爱的她很快就帮我把杯子拿来了。但她并没有直接把空杯子给我，而是轻快地走到班级后面接了满满一杯水，然后轻轻放在讲桌上，什么也没说就回到座位上开始认真听课了。口干的我端起杯子，喝下第一口，一下愣住了——她竟然帮我兑了一杯温开水，怕我烫着。此时，我的心里暖暖的，觉得自己是最幸福的。我微笑着看着小小的她，被她的懂事细腻感动了。

那是一个头晕难受的下午，丁美云同学像往常一样高兴地来问作业，我简单地说：“上次大卷子做到哪了？你看看，再往后做两页就好，你把作业写黑板上吧！”第二节课我还是不放心，就进班看了看。一进班，我就问学生知道作业了吗，学生们齐声说：“都记下来了，都快做完了！”丁美云站起来说：“老师，我早早就把作业写在黑板上了。”看着她和黑板上的字，我高兴地摸着她的小脸蛋说：“你好贴心啊，把事情交代给你真让我放心哦！”

从这些真实的故事中，我意识到在学生心智尚未成熟时期，只有让他们喜欢我、在感情上接受我，我的教学工作才能顺利进行。也就是亲其师，方能信其道。正如那句话：“好的关系胜过好的教育。”

三、收获促进坚持

不一样的语言鼓舞着每一个学生，不一样的交流收获着不一样的心情和故事，每天的收获促使我每天都要安排一定的时间坚持记录学生身上发生的一点一滴，记录学生大大小小的变化。

就拿我班的小叶同学来说吧，起初他是一个调皮、爱玩、不听讲、不学习、考试屡屡不及格的学生。有一天，我在上“整百、整千数加减法”的练习课时，他竟然主动举手了。我尝试着让他来回答，他居然答对了，我趁机表扬道：“小叶，不错哦，回答得很正确。看，大家都向你投来了羡慕的眼神，以后要继续努力，继续保持！”听到我的表扬，他的小脸居然红了。在以后的相处中，他也慢慢开始喜欢我，每天数学课前都会来办公室帮我拿书，开始听讲了，开始主动回答问题了，开始做家庭作业了，开始主动来找我改错题了。经过几个月的努力，他的期末考试也有了很大的进步。

在以后的教学工作中，我将继续严格要求自己，继续坚持做好数学教师的“五个儿工程”，继续坚持记录自己的教育实践中那一个个平凡却不平淡的片段，继续坚持以文字形式呈现我在教学过程中解决问题的手段，继续坚持记录帮我解除困惑的教学经历。

坚持记录，习惯记录“五个儿工程”，让自己在习惯中“忙”出意义，“忙”出精彩！

做相互认可的教育

克拉玛依市第五小学　梁小康

时间过得真快，不知不觉间踏上教育岗位已四载有余。“什么是教育？”准确地说：“什么是适合自己以及学生的教育？”这个问题一直萦绕心间。从刚开始学着做，到逐渐开始有自己的思考，我愈来愈理解那句名言：教育就是一棵树摇动另一棵树，一朵云推动另一朵云，一个灵魂唤醒另一个灵魂。之所以会有此番成长，“五个儿工程”功不可没。

刚开始工作的我，几乎将所有的精力都消耗在需要完成的教学任务中。渐渐地，我和学生之间的问题越来越多。比如，我不能深刻地了解学生，学生对我所教科目的兴趣不够浓厚，师生关系僵化……这些问题一度让我感觉无所适从。直到第一次去参加“五个儿工程”的汇报交流活动，我确信自己找到了解决问题的方案：每天和几个学生说几句话，每天赏几个学生赞几句话，每天给几个学生讲几道题，每天析几种错题读几页书，每天留几分钟反思几件事。

刚开始，我只是抱着试试的心态，但随着时间推移，我对“五个儿工程”逐渐有了更深层次的认识，也更加坚定了要持续践行的决心。因为我发现，它不仅是一项“惠生”的教研成果，更可以极大程度促进教师尤其是新手教师的发展。在成长道路上，下面几件事让我感悟良多，这也就是所谓的“教学相长”吧。

一、不要拒绝他的热情——每一次积极的回应都将成为彼此前行的动力

他曾经是班里的“小机灵鬼”，上课老师提问时，会不会都“积极”举手发言。一到课间，他又来到老师身边，“老师我帮你捶背”“老师我来擦黑板”“老师我杯子打不开了”“老师你猜我手里拿了啥”“老师……”。他总

有说不完的话题，只要老师在班里，他就像一条小尾巴跟在后面说个不停。随着时间的推移，他的“热情”并没有消退，反而有“失控”的趋势：课堂上只要有问题，不论是否与课堂内容有关，都要举手提出；课间即使我正在跟其他同学谈话，他也要挤到跟前插话。这些问题让我感到无可奈何。我在班会上提醒学生要注意课堂纪律，跟他人交谈要有礼貌，跟家长交流这些问题也没有得到有效解决。渐渐地，我开始有意“忽略”他，课堂上不叫他，课间聊天最后回复他。让我始料未及的是，这样的行为对他的伤害才是最大的。没过多久，他就在课堂上不主动举手了，课间也不主动找我了，甚至跟家长说，怕老师，觉得老师不喜欢自己。后知后觉的我开始到处寻求解决问题的方法。这时，师父给出了他的建议——坚持践行“五个儿工程”，同时把这个学生作为重点观察对象。赞赏几句他的闪光点，跟他谈一点正确的处事方法，闲聊换成对几道习题的讨论。比如，每次当他没想好答案就举手发言时，我会先肯定他积极踊跃，再告诉他要比哪位同学的发言更精彩，不比谁先举手。他在我一次次的引导中渐渐地变得有了分寸，也更加自信了。

之前时常惆怅该怎么来引导学生，通过这件事，我想我找到答案了——学生的培养绝不是靠几次批评指点，更需要长期的、正向的、潜移默化的影响。

二、送他一束光，得一片烂漫——认可差异，让亮点全力扩大

老师应该都带过学习能力弱的学生，相信这些学生也是大家心中“最难治愈的痛”。我曾经的“痛”是穆同学，每次面对他都有一种无从下手的感觉。他普通话底子弱，父亲长期在外地上班，母亲在家照顾他，但母亲几乎不会说普通话，文化水平低，所以家庭教育严重缺失。最让我“害怕”的就是假期结束，不论是长假结束还是短假结束，他都会把知识通通忘掉。当然，我和他的“困境”并不止这些，在平时接触中不难发现，这个学生的应变能力一点不比其他人弱，于是我“固执地”认为他就是不想学、不够努力，只要关注他几周，就一定能把成绩提上来。有一段时间，我急切地几乎每节课都提问他，不会就批评，结果却是他在课堂上眼神闪躲，课间都躲着我走，而测试成绩毫无起色。这样的情况让我一度想要放弃他。幸好我及时开展了“五个儿工程”的探索学习，对学生的了解越来越多，也越发理解学生，对学习成绩也不再急于求成。从开始时的无从下手，到慢慢去理解他、接受他。其实，每个学生都渴

望被老师认可，尤其是能力较弱的学生。于是，在班级卫生委员换届时，我提议让他担任班委。刚开始工作时，他也感觉自己能力不足，工作没有方法，每天值日都亲自上阵，带着值日生一起干。起初我以为他坚持不了几天，没想到他干了足足一周。我打电话告诉家长学生一周以来的表现时，通过电话也能感受到家长的欣喜。他在我的赞赏、交谈中变得越来越自信，家长也越来越配合学校工作。

我突然发现实施“五个儿工程”不仅有利于学生教育、教师发展，也有利于家校合作。所以，不论是面对学生还是对家长，交流、宽容、信任是必不可少的。

三、不要让他淡出你的视线——多一点关注，多一份成长

夏同学是“中间生”的典型代表，学习能力尚可，课堂表现尚可，纪律习惯尚可，就是略显胆怯，不会展示自己，几乎成为教室里的“透明人”。事实上，老师也确实很少关注这类学生，因为老师的大部分注意力都会被“两头”的学生分散。这些“中间生”就这样默默无闻地存在于教室之中。但在与学生交谈的过程中，我还是看到了他们眼中的希冀与渴望。是啊，谁又不想被关爱、被重视呢？于是我根据班级情况调整了与学生交流、讲题的顺序，课间先跟这些“中不溜”的学生聊天，讲题也先解决这些“中间生”的问题。课间每次被学生“包围”时，我总要提醒自己先找找小夏同学的身影。每当看到她坐在自己的位置又忍不住向周边张望时，我都会有意把话题抛向她。从刚开始细声细语地说，到后来跟着同学们“包围”我，我明显感觉到了她的变化。我偶尔也会专门给“中间生”安排一些专项任务，如擦黑板、布置软板等，他们变得敢说，也爱说了。看到课上、课后他们脸上洋溢着的自信笑容，我的内心无比满足，也充分体会到良好的师生关系一定是相互成就的——学生因老师而变得更优秀，老师因学生而变得更有职业幸福感。

古语云：亲其师而信其道。“五个儿工程”就是一项行之有效的可以优化师生关系的行动纲领。通过每天几分钟的几句话、几道题让师生更加互相信任和理解，教师变得更加善教，学生也更加爱学。我在探索践行“五个儿工程”的过程中，切切实实看到了学生的进步、成长，自己也确实收获颇丰，初登讲台时的那个焦躁的我变得平和了。看到学生们眼中的光，我的内心更加火热，我愿意、期望用我心中的那份火热，点燃更多孩子眼中的光。

试论落实班级德育工作的有效途径

克拉玛依市第一小学　安丽颖

从我市推出“五个儿工程”以来，我就在班内实践着、感悟着，它不仅是数学老师的特色教育，也是落实班级德育工作的一个有效途径。

一、赏赞学生，绽放美丽

每天赏几个学生赞几句话，看起来是一件再简单不过的事情，可刚开始记录的时候我惊奇地发现，自己一整天几乎没有表扬过学生，这太可怕了！罗丹说：“美无处不在，缺的是发现美的眼睛。”我开始反思，开始学着表扬我的学生！在尝试每天表扬几个学生的过程中，我感受到了赞美别人的魔力。某些曾经特别讨厌的学生有时会表现得很好，使我改变了以前对他们的看法！

例如，学困生小智，不仅学习成绩不够理想，个人卫生也很差，尤其到天热的时候，更是让我难以忍受！有一天课下，我发现他穿了一件干净的衣服，随口表扬了他几句，没想到，紧接着课堂上他的表现让我意外！从不主动举手的他竟然举起了小手，并且都回答正确了！那天我高兴极了。随着鼓励的增多，他慢慢地有了学习数学的勇气和信心，课堂上经常举起小手，课下也敢于找我问问题了。我慢慢地从这个学生身上发现了许多闪光点，心中以前那个看起来脏兮兮、脑袋反应慢、整天无精打采的学生不见了，取而代之的是一个讲卫生、喜欢学习、充满自信的小家伙！

原来，每个学生都是一朵美丽的花，给予营养方可绽放！赠人玫瑰，手有余香；予人快乐，予己快乐，每天表扬我的学生，我的心里也是美滋滋的，对工作和生活更加充满热情。

二、与生沟通，敞开心扉

“五个儿工程”中最令人享受的是每天和几个学生说几句话。起初总觉得没时间，而且认为这是在浪费时间，但是真的走进他们的世界，我竟然那么喜欢他们稚气的声音、可爱的问题。

起初一些学生与我交流不是很放松，我问一句他们就回答一句，渐渐地学生不再拘束了，愿意和我分享自己的事情，我也更多地了解了他们的成长环境。还记得那次小文的课堂作业没有完成，我便让他来我办公室写。刚开始，他东看西望，心思全然没有在写作业上。我便说：“快点写，不然你外公外婆要担心了！”谁知，他没好气地说了一句话：“他们才不会担心我！就会打我！”当时，我心里猛然一惊，我知道这个孩子缺少父母的爱，父母离婚了，现在外公外婆在照顾他，但是没想到他与老人之间的隔阂这么大。我语重心长地对他说：“没有人会不爱你，只是你还没有感觉到……”他回家后，我便联系了他的外公外婆，告知他们不能打孩子，否则会让他的心灵受到伤害，影响他成长！小文的外婆表达了对我的谢意，并表示会注意教育孩子的方式方法。从那以后，我便对他多加注意。当他紧皱眉头一脸沮丧时，我会问问他遇到了什么事情；当他与同学发生矛盾时，我会与他一起分析对错。慢慢地，这个学生打开了心扉，愿意与我和同学说心里话了。

我想，对于缺少爱的学生，我们应该多给予他们一些关注、温暖。每天简单的几句话，让我和学生的感情深了，他们也很喜欢我这个“大朋友”。

三、且行且思，促我成长

现在我每天给学生讲几道题，分析一些错题，这不仅让学生的学习有了进步，也让自己有了进步！我变得爱分析教材、爱刨根问底了，与同事的交流多起来了，自己也学到了许多经验和方法。这些是之前没有想到的，真是意外之喜。每天读几页书，虽然有中断，但是读的书比之前多很多，渐渐地视野开阔了，心态也平和起来了，尤其是负面情绪较大的时候，看上两页书便会平静下来，舒畅许多，书的魅力让我现在还在坚持每天阅读。每天的反思鞭策着我前进，我时常反思教学中出现问题后应该如何解决，学生又开始调皮捣蛋了怎么与家长沟通，有时自己会尝试着去做，有时会求助于同事。总之，每天的几分钟反思让我不断地改进不足，让我与学生的关系更加融洽，让我更加热爱这个职业。

随着“五个儿工程”的不断施行和记录，我同学生之间慢慢发生了许多改变，对“五个儿工程”也由最初的质疑变成了习惯，变成了喜欢。

绳锯木断，水滴石穿，相信只要不断努力，教师和学生会不断进步、共同成长。

回眸·相伴·成长·前行

——我讲我的教学故事，实施“五个儿工程”

克拉玛依市第一小学　安丽颖

自2012年的3月起，我开始实践“五个儿工程”，每天坚持夸赞、沟通、析题、读书、反思，持续至今，成效越来越显露。一路与“五个儿工程”相伴，收获颇多。在此期间发生的许许多多的故事，如同一抹霞光，永不褪色，留在我记忆深处。

说起“五个儿工程”，当然离不开它的主人公，我的学生，每当想起他们，心中便充满力量，督促我用心去关爱每一个学生，让他们越来越好。其中有个孩子特别值得一提，他变化的开端就是“五个儿工程”。

他叫小果，一名一年级的学生，我在2010年遇到了他。想起他，我脑海中总是会浮现出几件事。

第一件——初见他，瘦瘦小小的人，看似营养不良，但是活泼好动，眼睛里闪烁着聪慧的光芒，上课特别爱做小动作，写的字十分潦草，是我班书写最差的。

第二件——连续两天作业没有完成，课堂作业拖拖拉拉总也做不完。我给家长打电话，让他来学校一趟，他说来不了，我顿时火冒三丈，怎么会如此不负责任？在我的一再坚持下，家长同意来校。大概20分钟后，我一见到家长便愣住了。是孩子的爷爷，满脸皱纹的老人蹒跚着向我走来，一见到我就连声说：“对不起，孩子不懂事，不好好学习……”再看他的一双手，那是怎样的一双手，皴裂的手背，指肚上都是裂开的口子，指甲里黑黑的，满是污泥。他告诉我他在市场上卖菜，孩子现在暂时跟着他。事后我想，每家都有自己的不易，为师者，不仅要关心学生的学习，更要关注每个学生背后的家庭。我在电话里对老人过于严厉，直到现在我仍怀有深深的歉意。

第三件——班主任总跟我说班里散发着一股奇怪的味道，不知道怎么回事。那天她告诉我是怎么回事了。原来，臭味的来源是小果的脚，班主任再三告诉他要洗脚，他很听话，将脚反复搓洗都洗红了。臭的原因是那双鞋，他仅有一双鞋，穿时间长了不洗，怎么能不臭？小果的事让我们心酸不已。之后，班主任便发动其他学生献爱心，为小果捐献了一些干净的衣物和鞋子。我多多关注他，批改作业时，在他的作业本上留下“今天，你的作业正确率真高”的评语；上课提问时，我会不断鼓励他举手；在他遇到难题时，我会和他一起分析题意，寻找解决问题的办法。夸赞、沟通、析题使这个学生发生了令人欣喜的变化：爱发言了，爱学习了，眼神中流露出期待的目光。我想，我们不能只看学生的表面，还要多想想原因或者根源。

最后一件，在他带给我学习上变化的欣喜之余，我又发现，他最近沉默了，书写奇迹般工整了。之后我跟随班主任去家访，揭开了谜底。还未进家门，他手里攥着几块钱，像风一样往楼下跑，他妈妈解释说他去给我们买瓶饮料喝。我们进房子，一股难闻的味道一直弥漫在我们周围。房子很空，桌面上有很厚的灰尘，仅有一把椅子，他妈妈让我们坐在了他家的床上。她告诉我们，她刚到这，孩子的爸爸出了车祸，撞上了人，已经进了派出所。她伤心不已，已经没有心思放在孩子身上了，都一个月没给他做过饭了……我看到这时的小果乖巧地坐在一个小矮凳上写东西。想起别的孩子拥有自己的书桌和明亮的书房，而小果承受着生活带给他的磨难，我的眼泪不禁涌出。他羞涩地将两瓶饮料递给我们，我们让他喝，他抿着唇，摇了摇头。我摸摸他的脑袋，温柔地对他说：“孩子，你会越来越棒！”我和班主任家访完离开时在小果的坚持下带走了一瓶饮料，留给了他一瓶。出来后，心里如乌云压顶般沉沉的。我鼻子一酸，对班主任说，我好想哭。调皮的他变乖了，原因令人唏嘘不已。

新学期小果没有来，他转学了，不知去了哪里。我时常会想起他，他聪慧的目光，他搓红的脚趾，他递给我饮料时羞涩的神情，不仅是小果，还有更多像小果这样的学生，有时候我们真的要蹲下身子来关爱身边的学生。

“五个儿工程”拉近了我与学生的距离，让我和学生一天一天进步，共同成长，让我更加爱学生，并学会如何去爱。在“五个儿工程”的陪伴下，我送走了我的第一届学生，他们现在已是初二，常会通过微信或QQ与我联系，都说“人走茶凉”，他们虽走，但茶仍温暖如初。

小唐，小学时因家庭情况跟外公外婆一起住，性格暴躁，又有些内向，不爱说话，一直是我关注比较多的学生。我经常把他单独叫到办公室讲解难题，夸夸他的进步，问问他遇到的难题。到现在他还时不时与我周末通个电话，讲讲他在乌鲁木齐的生活，新年伊始也会问个好，那个曾经对人很冷漠的表情早已化作嘘寒问暖的长长的电话……我时常想念曾经的学生和那段时光，也经常会想，除了教给他们书本知识，我还能给予什么？在这段时光里，夸赞、沟通、析题、读书、反思一直鼓励我前行。师者，传道授业解惑也。我想“传道”，应比授业、解惑更为关键，而“五个几工程”便是我的“道”，与之相遇是缘，与那么多同道者一起坚持行走是幸福。在未来的教育生涯中，“五个几工程”必定能使我与学生们相处得更好，留下更灿烂的云霞。

与你一同成长

——我讲我的教育故事

克拉玛依市绿雅小学　徐菁菁

我是一名普通的小学数学教师，没有才高八斗的学识，也没有出类拔萃的才能，普通得就像一棵不起眼的小草。但我的内心是骄傲的，我觉得自己是做得最好的那棵小草。因为工作几年来我一直深受学生喜爱。然而，小高的出现让我明白，我需要改进的地方还有很多。

我很早就明白：教育者要先受教育，塑造灵魂者要先做到心灵美，这是真善美的先决条件。教师的一言一行、一举一动，对学生都有直接的影响。虽然我只是一名数学老师，但我明白“身教重于言教”，因此我严格要求自己，处处以身作则，做学生的表率。比如，教育学生要有礼貌，早晨见到学生及学生家长先点头问好；铃声未响就来到教室；上课时也时不时地把我的幽默带到数学课堂。我一直是这样做的，我的学生都很喜欢我，他们让我感受到作为人师的幸福感。

新接一年级时我又采用了惯用的那招，告诉学生：“徐老师上课的时候对你们的要求很严格，因为我们要好好学习知识。但下课后我就是你们的好朋友，我们可以一起玩耍。你也可以跟我分享生活中的事，我很乐意聆听。”当其他学生认真听我的话时，只有小高是一副事不关己高高挂起的姿态。每次上数学课他最不专心，一直做小动作，课堂作业经常不按时完成，最令人头疼的是他还经常影响周围的学生听课。我用眼神给他提醒，或用表扬的话引起他的注意，但是他根本不理我。就这样一次次对峙，我感觉自己遇到了对手，也失去了耐心。我把鼓励变为批评，我想用我作为教师的威严去镇压他嚣张的气焰。但我发现严厉对他而言没有任何作用，小高竟然开始叫我“坏老师”。我从一位学生喜爱的老师变为他口中的“坏老师”，我失去了原有的骄傲。每当要走进教室，我都觉得有压力，有时候竟然偷偷地想：为什么会遇到这样的学生呢?

就在我茫然失措时，张连勇老师倡导的“五个几工程”出现了，又让我有了一些信心。九年义务教育要求百分之百的学生接受教育，教师和学校没有选择学生的权利，只有全心全意教育每一个学生的义务。我觉得自己真的还需要充电，需要成长。我开始重新审视小高的问题。小高很令人头疼，但我想，再有个性的人，再令人头疼的学生，都应该有普通人的共性，那就是希望得到他人认可，乐于受到老师的肯定。也许是我先前教育他时太急功近利，很急躁，没有花太多的心思，留给他改变的时间太短了，总希望他能立即像别的学生一样听话懂事。

我开始私底下了解小高。我发现小高心智不是很成熟，做事我行我素，虽然脑子特别聪明，但从不约束自己的行为。但他也希望自己能成为别人眼中的好伙伴。他之所以上课总是玩或者打扰别的学生听课，是因为他觉得自己寂寞、无聊、缺玩伴，想通过淘气引起大家的注意。

接下来在上课时，我开始留意他的点滴进步，经常在全班学生面前表扬他：“你们看小高懂事了，能认真听讲了！”一开始他对我的表扬也是满不在乎，但是我没有放弃，好的教育贵在坚持。“每天和几个学生说几句话，每天赏几个学生赞几句话，每天给几个学生讲几道题，每天析几种错题读几页书，每天留几分钟反思几件事。”这些都是需要每天做的，持之以恒才能有效。于是我时不时抓住小高的好表现及时表扬：“小高很爱思考，能力升级的题都做出来了，真的很爱动脑筋。”“小高把昨天的错题改了，速度变快了。”“小高今天的数学课堂作业做完了，速度真快。”渐渐地，我看到他不是那么讨厌我了，下课见到我虽然躲开走，但是不叫我“坏老师”了。

教育是一项伟大的育人工程。人是具有情感的，情感关怀在教育中处于相当重要的位置。我认为，小高实际上是精神情感失调，我给予较多的情感关怀，也许可以起到调节效果。所以，我下课后把小高叫到身边，我想让他感觉到我对他的态度正在转变，让他感觉到我真的是以平等的姿态跟他谈心，聊天。我准备了一个凳子让他坐下，我也坐在凳子上，这样高度上就拉近了我们的距离。我问他：“跟班里哪个同学关系比较好？”“周末都干什么了？”“最近比较喜欢看什么电视？”“你觉得老师今天的数学课上得怎么样？”时不时，我也会给他准备一些贴心的小点心。他渐渐懂得尊重我了，看我的眼神也温和了很多，课堂上能尽力约束、控制自己的行为。我发现他的自学能力特别强，以前上课不听讲都是自己在家自学，但是成绩一直很好。所以，我在课堂上开始给他创造机会当小老师，给大家讲解自己的解题方法。他有了表现的机会，也就顾不上去影响其他学生听课了，有了兴趣也有了积极上进的劲头。

有一次，我正在办公室里改作业，几下轻轻的敲门声过后，我打开门一看，外面没有人。过一会儿又听见敲门声，原来是小高。他站到我面前低着脑袋害羞地说：“徐老师，你嗓子疼，这个含片给你。”说完就一溜烟跑了。我拿着含片鼻子一阵发酸，小高让我明白：真爱在心，把自己的理想、幸福融入为学生服务中去，得到的必是学生的爱。

“五个儿工程”伴我行

克拉玛依市实验小学 刘梅

一学期在不知不觉中又接近了尾声。还记得去年3月张连勇老师带着“五个儿工程”走进我校的场景，一年过去了，记录“五个儿工程”的习惯让我有收获，有坚持，有进步和成长。

每天在记录和梳理时，我都要将今天的点点滴滴在脑海中过一遍。回忆的过程又让我对每一件事有了新的认识和判断，可能当时有些事做得不合适，有些话说得不得体，有些题讲得不到位，有些方法用得不合理。每天的反思促进我不断进步。

我国教育家夏丏尊说过：“教育上的水是什么？就是情，就是爱，教育没有了情爱，就成了无水池，任你四方形也罢，圆形也罢，总逃不出一个空虚。”作为教师的我们必须努力充实自己，充实学生。所以，我们要怀着热情和爱心与学生去交流。

一、用鼓励激励学生

本学期我带了一、二年级的两个班，记录“五个儿工程”似乎比原来更加得心应手，每天记录着学生的点点滴滴，分析着他们小脑袋中的种种想法，生活因为有了这群可爱的学生而变得灿烂无边。

表扬和奖励是一种强化激励。学生尤其是小学低年级学生，非常在意老师对他的评价。老师的一次表扬或奖励，可以使学生获得精神上的满足，得到愉快的情感体验，从而产生自信心、自尊心和进取心，对自己提出更高的要求。表扬和奖励不仅使受表扬和奖励的个体受到鼓励，而且能对集体起示范作用。

为了更好地鼓励学生学习，我在班里制定了一系列的奖励机制。课堂上回答问题精彩的学生课后会获得一张奖励卡，多答多得。积满10张卡后，可以到我这里来换取奖品。考试在95分以上的学生可以获得“三重好礼”：小红花、奖励卡，还有奖品。在这些“物质”奖励下，学生的积极性得到了很好的提高。为了使速度较慢的学生也有机会得到奖励，课堂上有时会采用“夺星大战”的激励模式，只有全组同学共同努力才能得到一颗星，也会因为本组组员表现不佳而被扣除一颗星。通过相互督促来改变那些上课不喜欢举手和动作较慢的学生。

一年级五班的小璇同学是个性格温和但动作较慢的小女孩，随堂的口算练习总是完不成，组内其他的学生总是用责怪的眼神看着她。渐渐地，她的眼神中多了自卑。和其家长也进行了沟通，但没有什么明显的效果。一次随堂口算，我就站在她的身边，当她不会计算时，我细心给予讲解；当她计算正确时，我会毫不吝啬地表扬她：“你做对了，要是再快一点就好了。”“你又做对了，书写的速度再快一点就好了。”我意外地发现她的计算速度慢慢有了提高，于是在之后的练习中我都采用这样的方式。就是在这样一天天的练习和一句句的鼓励下，她现在的口算速度达到了每分钟可以完成6~10道题。虽然还赶不上班里其他的学生，但从她的眼神中不难发现她的那份坚定和快乐。

二、用热情感染学生

作为一名教师，总是希望自己的课堂能够活起来、动起来，希望学生思维活跃，踊跃发言。然而，很多时候，我们总是不注意自己的情绪，把工作、生活中的不顺带到课堂上，以一副“冷面孔”出现在学生面前。教师面若冰霜、“一脸怒气”地走进教室，学生一下子变得小心谨慎，大有“暴风雨来临之前”的气势。这样学生的思想就凝固了，回答问题小心翼翼，生怕稍有不慎引火烧身，课堂死气沉沉，教学效果可想而知。学生看见了教师的冷面孔，内心恐惧，哪还能够畅所欲言、大胆发表意见呢？学生变成了一台机器，被动接受教师的给予，学生的主观能动性根本没有调动起来。

读《改善学生课堂表现的50个方法》这本书，我找到了解决这个问题的好方法，那就是用我们的热情去感染学生。当我们笑着走进教室时，学生感受到了我们的好心情，也纷纷回给我们甜甜的笑脸，课堂气氛马上变得很融洽。很多时候，我会用自己僵硬如柴的肢体、五音不全的歌曲或者以自己为实例来作为情境引出本课所学的内容，充分调动学生的学习热情。当学生有了精彩的回答，我会给他一个表扬；当学生在慌乱中说错了话，我会给他一个微笑的眼神作为鼓励……整堂课上，学生都积极参与课堂活动，并且非常有热情，取得了很好的教学效果。

事实证明，教师的热情可以带动学生的热情。正如塞缪尔·泰勒·柯勒律治说过的一句话："没有什么比热情更具感召力！"当教师面带微笑，充满激情地走进教室，他的一举一动都会感染学生，从而激发学生的学习欲望，让课堂教学永葆生机和活力。

三、用爱心感动学生

有人说过："用爱心去弥补才能，是胜过用才能去弥补爱心的。"我的理解是：学生喜欢一个富有爱心而才华平平的教师，胜过喜欢一个富有才华而缺乏爱心的教师。教育不仅仅是知识的传授，更是心灵的对话，爱的沟通。

第一次走进一年级五班，坐在第一排的哈萨克族小男孩引起了我的注意。大大的眼睛长长的睫毛，他用很不标准的汉语跟我说："老师，你的个子真高，我以后也要长得像你这么高。"我微笑地看着他说："相信你一定会超过老师的。"就这样我认识了这个叫阿力的哈萨克族帅男孩。

阿力的汉语水平不好，在课堂上很难明白我们说的话，于是他大部分的时间都沉浸在自己的世界里。为了让他能够跟上我们的学习进度，每天放学后，他都是我的"座上宾"。我们会把今天课堂上的内容再慢慢地学习一遍，直到他学会为止。在这样的坚持下，阿力在数学学习上有了明显的进步。我告诉他，老师会把他每天的进步写进故事里，于是他每次都会问："老师，今天我进故事里了没有？"他的询问对我的记录也是一种无形的督促。

他的爸爸也很积极地打电话询问他的学习状况及在学校的种种表现，我总是耐心地告诉家长他在学校的学习状况及在家要如何帮助他学习，希望家长能够积极配合。有这样积极配合的家长，我暗自下定决心：一定不会让阿力掉队。然而，事情并没有向着我期望的方向发展。

一个再普通不过的周六早上，因为阿力爸爸的一个电话而变得不平凡。"老师，我们家孩子的作业你为什么没有改？"一句严厉的质问透过听筒进入了我的耳朵。正在我努力地回忆什么时候没有改他家孩子作业的时候，又传来了他更加严厉的质问：“你到底有没有好好地教我家孩子？你为什么没有改我家孩子的作业？你每天到底在干什么？你到底是不是人？”一句句质问就像一把尖刀刺进了我的心里。委屈的泪水瞬间模糊了我的双眼。

说实话真的很伤心，顿时觉得我所有的付出都是那么可笑，以至于周一看见阿力我的内心都是厌恶的。下午我习惯性地打开电脑，开始记录这一切的经过时，我内心的愤怒还是难以平静，哪怕在课堂上多看阿力一眼，我都感觉是在浪费自己的生命。

几天来，阿力用询问的眼神看着我，似乎在问我：老师你不喜欢我了吗？为什么突然之间对我的态度就变了呢？我真实地记录着我对阿力的感觉，看着电脑屏幕上我写下的一串串的文字，我开始责怪自己：为什么要将大人的错误加在一个孩子的身上呢？我也许在不经意间深深地伤害了孩子幼小的心灵。当阿力怯生生地来到我身边问道：老师，今天我进你的故事里了吗？我心中的不快等负面因素瞬间消除，我告诉他：你今天已经在老师的故事里了，以后也会在老师的故事里。因为我明白，作为一名人民教师，是要用良心来服务社会的，不牺牲小我，是无法从事这份良心职业的。即便直到现在阿力的爸爸都没有一句道歉的话语，我仍然应该履行我对阿力的承诺，像以往那样饱含爱心地对待他。

在这个世界上，很多东西都是相互的，当你用心去对待你身边的人时，身边的人就会对你更好。教师的职业病——咽炎让我说不出话来，在“无声”的课堂上，学生关切的眼神让我很感动，就连平时不善言谈的小涵都默默地给我接好一杯温水放在讲桌上。还有学生带了菊花，带了胖大海，甚至买了药。我们在用爱心浇灌着学生，学生也用他们的爱心浇灌着我。

四、用耐心指导学生

“耐心是赢得成功的一种手段。”耐心是教师的基本素养之一，特别是对我们这些带小学生的教师来说。有耐心的教师才会获得学生的爱戴，有耐心的教师才会走进学生的心里。我们的斥责和严厉会让学生产生恐惧心理和厌学心理。反之，当学生在学习上遇到困难时，如果教师能够用耐心去引导他，那么自信的火花在学生的心灵上就会燃烧起来，成为他们走向成功的力量。

在我所带的班级里有个叫茵茵的小女孩，胆子很小，在开学初的时候，几乎没举过手回答问题，偶尔有一两次，声音也犹如蚊子叫。面对这种情况，我不敢掉以轻心，生怕打击这个学生的自信心。最初，在课堂上，只要茵茵举手，我总是表扬她举手的勇气，让班里的学生报以热烈的掌声。慢慢地，她举手的次数多了，学习的积极性高了，回答问题的正确率也随之提升，这帮助她建立起了自信心。在之后的课堂上，总是能听到她回答问题时的响亮声音。茵茵有一天很神秘地走到我跟前说："老师，我告诉你一个秘密，我最喜欢上数学课了。"虽然是简短的一句话，却让我欣慰不已。

这个学期我用鼓励激励着学生，用热情感染学生，用爱心呵护着学生，用耐心指导学生。